超惠游
泰国

藏羚羊旅行指南编辑部　编著

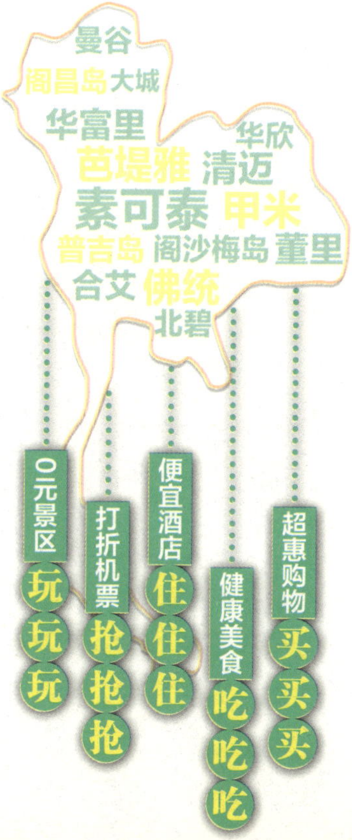

曼谷
阁昌岛 大城
华富里
　　　　华欣
芭堤雅 清迈
素可泰 甲米
普吉岛 阁沙梅岛 董里
合艾 佛统
　　北碧

0元景区
玩玩玩

打折机票
抢抢抢

便宜酒店
住住住

健康美食
吃吃吃

超惠购物
买买买

北京出版集团公司
北京出版社

图书在版编目（CIP）数据

泰国 / 藏羚羊旅行指南编辑部编著. — 北京：北京出版社，2017.8
（超惠游）
ISBN 978-7-200-13102-4

Ⅰ．①泰… Ⅱ．①藏… Ⅲ．①旅游指南—泰国 Ⅳ．①K933.69

中国版本图书馆CIP数据核字（2017）第140678号

策划编辑：杨薪誉
责任编辑：黄雯雯
执行编辑：王若凡　由蕾
责任印制：魏鹏
投稿邮箱：emma.yang@bpgmairdumont.com

超惠游
泰国
TAIGUO
藏羚羊旅行指南编辑部　编著

出　　版：	北京出版集团公司
	北京出版社
地　　址：	北京北三环中路6号
邮　　编：	100120
网　　址：	www.bph.com.cn
总 发 行：	北京出版集团公司
经　　销：	新华书店
版 印 次：	2017年8月第1版第1次印刷
印　　刷：	三河市庆怀印装有限公司
开　　本：	710毫米×1000毫米　1/16
印　　张：	14
字　　数：	260千字
书　　号：	ISBN 978-7-200-13102-4
定　　价：	49.80元

如有印装质量问题，由本社负责调换
质量监督电话：010-58572393

泰国 目录

省钱小妙招 ········· 6
打折机票如何买 ········· 6
便宜酒店如何订 ········· 7
打折商品如何购 ········· 7
免费景点尽情逛 ········· 9
当地美食如何选 ········· 9

我的旅行计划 ········· 10
签证 ········· 10
货币 ········· 11
旅行季节 ········· 12
如何打电话 ········· 13
泰国常用词汇 ········· 14
泰国旅行注意事项 ········· 15

泰国交通 ········· 18
航空 ········· 18
铁路 ········· 24
公路 ········· 25
水运 ········· 27
区内交通 ········· 28
水上交通 ········· 31

泰国好好玩 ········· 35
曼谷 ········· 36
大皇宫 ········· 37
皇家田广场 免费 ········· 44
卧佛寺 ········· 45
泰国国家博物馆 ········· 47
国柱神庙 免费 ········· 49
考山路 免费 ········· 50
河边护身符市场 免费 ········· 51
吞武里 免费 ········· 52
郑王庙 免费 ········· 53
中国城 免费 ········· 56

湄南河 免费	57
四面佛 免费	60
诗丽吉王后公园 免费	61
曼谷乍都乍周末市场 免费	62
丹嫩沙多水上市场 免费	63
安帕瓦水上市场 免费	64
美功铁道市场 免费	65

大城 **66**

瓦崖差蒙空寺	67
帕楠称寺	69
大城府历史研究中心 免费	69
赵衫帕雅国家博物馆	70
帕席桑碧寺－维邯帕蒙空博碧大皇宫	71
玛哈泰寺	72
拉嘉布拉那寺	73
差瓦塔纳兰寺	74
挽巴茵夏宫	75

芭堤雅 **76**

蝙蝠寺 免费	77
帕雅寺 免费	77
芭堤雅公园塔	78
侬律花园	79
是拉差龙虎园	80
小暹罗	81
阁沙湄岛	83

阁昌岛 **84**

孔抛和卡贝沙滩 免费	85
孤独沙滩 免费	85
白沙滩 免费	85

华欣 **88**

爱与希望之宫	89
百年怀旧火车站 免费	89

华富里 **92**

那莱王宫	93
三峰塔	94
桑普拉坎寺	94
华西拉丹那玛哈泰寺	95
朝普拉维猜延官邸	95

佛统 ·· 96
佛统大塔 免费 ····································· 97
玫瑰园 ··· 99
泰国人像博物馆 ··································· 99
北碧 ·· 100
桂河大桥 免费 ···································· 101
战争博物馆 免费 ·································· 105
北碧府战争公墓 免费 ···························· 105
清迈 ·· 106
清迈古城 免费 ···································· 107
帕辛寺 ·· 109
柴迪隆寺 ·· 110
盼道寺 免费 ······································· 111
清曼寺 免费 ······································· 112
清迈市立文化中心 免费 ························· 113
清迈国家博物馆 ·································· 116
清迈大学 免费 ···································· 117
清迈动物园 ······································· 118
华考瀑布 免费 ···································· 118
松达寺 免费 ······································· 119
素贴山国家公园 免费 ···························· 120
素贴寺 ·· 121
蒲屏宫 ·· 122
苗族村 免费 ······································· 123
因他农山国家公园 ······························· 124
泰国大象保护中心 ······························· 125
清莱 ·· 126
白龙寺 免费 ······································· 127
清莱玉佛寺 免费 ································· 130
孟莱王雕像 免费 ·································· 131
素可泰 ··· 132
素可泰历史公园 ·································· 133
阁沙梅岛 ·· 138
安通国家海洋公园 ······························· 139
帕雅寺 免费 ······································· 142
坤朗寺 免费 ······································· 142
祖父祖母石 免费 ·································· 143
阁沙梅岛的海滩 免费 ···························· 144
阁帕岸岛 ·· 148

阁道岛 免费 ······································· 149
南园岛 免费 ······································· 151
普吉岛 ··· 152
普吉岛的海滩与岛屿 免费 ······················ 153
普吉镇 免费 ······································· 158
女英雄雕塑 免费 ·································· 159
普吉幻多奇乐园 ·································· 160
大佛 免费 ··· 161
皇家野生动植物和森林保护区 免费 ··········· 162
普吉长臂猿保育中心 ···························· 163
普吉岛水族馆 ···································· 165
普吉岛蝴蝶园和昆虫馆 ························· 165
甲米 ·· 166
奥南湾 免费 ······································· 167
莱利海滩 免费 ···································· 168
阁披披岛 免费 ···································· 169
董里 ·· 172
帕明海滩 免费 ···································· 173
昌郎海滩 免费 ···································· 173
珊海滩和永林海滩 免费 ························· 173
朝迈海滩 免费 ···································· 174
奈岛 免费 ··· 174
姆克岛 免费 ······································· 175
合艾 ·· 176
卧佛寺 免费 ······································· 177
卡米拉海滩 免费 ·································· 177
达鲁岛 免费 ······································· 178
达鲁岛国家海洋公园 ···························· 178
里朴岛 免费 ······································· 179
阁阿当岛和阁拉威岛 免费 ······················ 181

泰国吃住购 ······································· 183
好好吃 ·· 184
舒服住 ·· 192
买买买 ·· 200

你应该知道的泰国 ····························· 207

超惠游 泰国

省钱小妙招

打折机票如何买

每年11月至次年的2月，还有4月是泰国的旅游旺季，特别是4月正好赶上泰国的新年——宋干节。5—10月是雨季，属于泰国旅游的淡季。一般来说，3月以及5—10月飞往泰国的机票都较便宜，尤其以3月和9月最便宜。国内飞往曼谷有多家航空公司的航班，可以直飞，也可以选择一次或两次中转。

🌐 亚航官网 www.airasia.com
🌐 飞鸟航空（泰国皇雀航空）www.nokair.com

TIPS

曼谷到马来西亚，日夜都有定期班车，无论特快或普快都有冷气设备。曼谷至吉隆坡约需40小时。曼谷至新加坡约需46个小时。如果从这几个地方去泰国，也可以选择乘坐火车。

网上购票及铁路时刻表查询：www.railway.co.th。

便宜酒店如何订

以旅游业为支柱产业的泰国，对于游客的住宿问题是非常重视的。在泰国有几十元人民币的背包客床位，也有拥有私家海滩的度假酒店。全世界著名的连锁酒店，比如万豪、雅高、喜达屋、悦榕、洲际等五星级酒店遍布泰国全国。可以穷游泰国，住每天100～200元人民币的民宿，也可以奢侈地在海边别墅做着SPA。但总体来说，泰国的住宿无论从服务还是硬件上都比中国的酒店要好，同样的花费你在泰国可能会享受更多更好的服务。

泰国北部多山地，住宿推荐在山野郊区，十分清静。在南部沿海旅行，那一定是住海边酒店。城市中选择最多，可以住客栈、民宿、商务酒店以及连锁的五星酒店。价格方面，客栈、民宿等价格都不高，折合人民币平均在150～300元，有些好的民宿还有游泳池。商务酒店、旅游酒店价格折合人民币在300～800元。海边的则要看位置与酒店档次，如果酒店靠海边有沙滩，价格折合人民币在600元以上，平均价格在600～1200元。如果运气好赶上酒店活动，常常可以以很低的折扣入住五星酒店。不奢华的旅行住宿标准每天可以定在200～300元人民币，这个价位足以让你睡得踏实。旅行者可以关注安可达、缤客预订及旅行信息网站，里面有丰富的酒店预订和打折信息。

安可达 www.agoda.com
缤客 www.booking.com

打折商品如何购

泰国的所有商品均含有7%的增值税，通常已包括在价格之中。为了便于外国人在泰国消费，泰国政府对外国游客实行购物退税政策。外国游客在购物时，当你看到该商店有"VAT Refund for Tourists"的标记时，可以在购物结束后凭小票去退税柜台办理登记退税手续。所有持护照的非泰籍旅游者均享有退税权利。退税税款需在离境机场办理，陆地口岸目前没有办理退税的窗口。

例如，如果在曼谷某商场的贴有"VAT Refund for Tourists"的苹果商店购买了iPad，消费结束后，拿着购物小票去商场服务台，给工作人员出示购物小票、个人护照，工作人员会给你一个表单，填完之后交给他盖章，盖章之后他会将表单的一联交还给你。将这些表单保存好，离开泰国之前，过了机场的安检及移民局检查、进入候机区域后，可以看见退税窗口的指引，在窗口办理退税。

所购商品申请退税的条件：

1. 必须在有"VAT Refund for Tourists"标记的商场购物。

2. 在同一商场（可在不同的专柜，但开的发票都是这家商店的）购物满2 000泰铢，即可要求店员填写"VAT Refund Application for Tourist Form"（旅客退税申请表）。

在商场登记时应只用一人的名义申请填表，以集中额度，避免按人头扣费；只有在结账台付款的商品才是商场柜台商品，而那些直接在柜台支付的是私人柜台商品，消费金额将不会记录进累计金额内。

除超市部及食品部外，无论你购买何物均可保留小票，当在该商场完成购物后，可以累计当日所有小票金额，若超过 2 000 泰铢即可到退税柜台登记。

登记时请出示本人的护照及所有小票，当填写好一份简单的资料表后，热心的柜台人员会为你打印清单，签字确认即可。在游人不多的情况下，大约 10 分钟就可完成该手续。

3. 在泰国，若所购商品要申请退税，其所有商品总额包括增值税在内，不得少于 5 000 泰铢。

在不同商场购物金额可以累计，但在每家商场消费都要不少于 2 000 泰铢，总而言之，你必须保证手里每一张退税申请表上的金额都超过 2 000 泰铢，而所有申请表上的金额总额超过 5 000 泰铢。

4. 将所有增值税发票与退税申请表附在一起，注意要妥善保管。

泰国国际机场办理退税程序：

1. 若在商品购买后 60 天内从泰国的曼谷（廊曼、素万那普机场）、普吉、清迈、合艾、芭堤雅、甲米等地的国际机场离境均可以退税，但由于在泰国机场退税的程序比较复杂，请务必比通常时间提前 30～60 分钟到达机场。

2. 退税单盖章：进入机场大厅后，在办理离境手续前（机票 Check-in 前），先到 VAT Refund Office，出示护照、退税单，退税单上列出的购买商品让官员检查（一般不需验货），官员会在退税单上盖章，核对后官员将在申请表上盖章，仍需取回单子。

3. 盖章后就可以办离境手续了，前往航空公司柜台 Check-in。检视后的物品可以放入行李托运。

4. 在进入离境大厅后找到退税办公室，前往 VAT 退费柜台领取退费。只要交上盖章后的申请表后就可以取钱了。

TIPS

1. 退税额度为所购物品总额的 7%；

2. 在完成退税领取现金时，会被扣除每宗申请 100 泰铢的手续费；

3. 退税金额不超过 3 万泰铢，将直接获得泰铢现金；退税总金额超过 3 万泰铢时，不能直接领取现金，需汇入信用卡账户，但要额外支付每宗手续费 100 泰铢及相关银行手续费用。

TIPS

若没有按上述顺序，购买的物品未经检查便放入行李托运，人已经通过证照查验，但购物清单没有海关盖章，是没有办法拿到退费的；如果购买珠宝、手表等贵重物品，领取退税时还需出示所购商品。办登机手续时，尽量随身携带需要退税的商品，因为在最后获得退税金额时可能还要接受检查。

免费景点尽情逛

泰国是非常适合穷游的地方，除了消费低之外，还有一个原因就是很多好玩的地方不收取门票，如寺庙、海滩等。但要注意，景区内虽然不收取门票，但一些娱乐活动需要付费，玩的时候需要看清楚如何计费。

当地美食如何选

位于热带地区的泰国，热带水果种类非常丰富，而且价格非常便宜，主要有杧果、榴梿、菠萝、山竹、西瓜、龙眼、木瓜、番石榴、莲雾、新鲜椰子等。在泰国各地的街头，常常可以看见推着装着冰块的玻璃柜台售卖水果的小贩。这种售卖者一般不是按照重量售卖，通常是把水果切好放入袋子中，一份20～40泰铢，品种多为西瓜、番石榴、杧果、莲雾、木瓜等。

泰国的平均物价比中国大陆低10%～30%，像化妆品、衣服鞋帽等，价格都比国内要低，所以来泰国顺便购物也是很多中国人的选择。

我的旅行计划

出发，准备好了吗？

签证

泰国签证是进入泰国的通行证件之一。前往泰国旅游需要办理泰国旅游签证。

泰国旅游签证主要颁发给前往泰国旅游观光的游客。签证有效期3个月，停留时间60天。签证费用230元人民币。作为中国公民出境游常去的目的地国，中国公民取得泰国签证十分便利。除了可以到以下的办理地点申请以外，也可以通过旅行社代理机构进行代办。

泰国旅游签证所需材料

1. 护照原件（有效期6个月以上）；
2. 二寸彩照2张；
3. 由申请人本国单位或有关部门出具的担保信（英文或泰文），注明申请人的姓名、赴泰目的，公司抬头纸加盖公章；
4. 相关关系证明如户口本、儿童的出生证明或结婚证（如有需要）。

泰国旅游签证办理地点

单位	地址	电话	传真	邮编
泰王国驻北京签证处	北京市朝阳区建国门外大街乙12号双子座大厦西塔15层1501B	(86-10)6566-1149/6566-4299/6566-2564	(86-10)6566-4469	100022
泰王国驻广州总领事馆	广东省广州市环市东路368号花园酒店M07房	(86-20)8385-8988/8380-04277/8384-9927	(86-20)8388-9567/8388-9959	510064
泰王国驻昆明总领事馆	云南省昆明市东风东路52号昆明饭店南楼一楼	(86-871)316-8916/314-9296	(86-871)316-6891	650051
泰王国驻上海总领事馆	上海市静安区威海路567号晶采世纪大厦15楼	(86-21)6288-3030	(86-21)6288-9072-3	200041
泰王国驻成都总领事馆	四川省成都市武侯区航空路6号丰德国际广场3号楼第12层	(86-28)6689-7861	(86-28)6689-7869/6689-7863	610041
泰王国驻南宁总领事馆	广西壮族自治区南宁市金湖路52-1号东方曼哈顿大厦一楼	(86-771)552-6945-47	(86-771)559-4997	710004
泰王国驻西安总领事馆	西安市曲江新区雁南三路钻石半岛11号	(86-29)8931-2831/8931-2863	(86-29)8931-2935	710016
泰王国驻厦门总领事馆	福建省厦门市虎园路16号厦门宾馆3号楼别墅	(86-592)202-7980/202-7982	(86-592)205-8816	361003
泰王国驻香港总领事馆	香港中环红棉路8号东昌大厦八楼	(852)2521-6481 to 5	(852)2521-8629	

泰国落地签证

根据泰国内政部的通告，护照持有者可以在移民局检查站申请停留期不超过 15 天的落地签证，旅客在到达机场时前往落地签证柜台（VISA ON ARRIVAL）办理，选择落地签就需要耐心排队，等候的时间也会稍长。

落地签在海关于泰国开放落地签证的 32 个口岸根据引导牌到相关办公室办理。

签证费用： 2 000 泰铢（只接受泰铢，可在柜台附近外汇兑换处兑换泰铢）

需要的材料：
1. 有效期 6 个月以上的护照及复印件；
2. 一张 6 个月内拍的二寸彩色免冠照片；
3. 入境后 15 天之内有效的返程机票复印件和确认过的机票；
4. 入境时个人须携带价值不少于 20 000 泰铢的外币，一家庭不少于 40 000 泰铢；
5. 一张填写完整的旅游签证申请表。

延期申请可前往泰国移民局
Immigration Division 1, Soi Suan Plu, South Sathorn Road, Bangkok 10120
（662）2873127/2873101-10 转分机 2264-5
www.police.go.th/frconten.htm

货币

泰国物价与中国相比，平均低 10%～30%，是旅行性价比较高的国家。在曼谷和度假岛屿以外的地区，每日花费（不包括住宿）在 400～600 泰铢，包括了基本的交通、饮食等。在泰国，普通的民宿、Guesthouse、Litter Inn 等经济型住宿价格在 250～1 500 泰铢，平均以 500～1 000 泰铢为主。如果是海岛的度假酒店或者国际连锁酒店，价格在 2 000～10 000 泰铢。如果运气好赶上特价或者打折，1 000 泰铢左右也能住三星或四星级酒店。

在泰国，人民币兑换泰铢的官方汇率要比中国低很多，如果在机场，1 元钱只能兑换约 4.2 泰铢，在市区的兑换点大约可以兑换到 4.5 或 4.6 泰铢。在市区可以去正规的银行 Exchange 兑换店兑换，价格以泰国各银行汇率为准，盘古银行与开泰银行的汇率较高。另一种方式就是去唐人街的金店或者旅行社兑换。

在这里我们推荐银联卡取现以及去正规兑换点兑换的方式。

省钱小助手

在曼谷市中心 Central World 对面的 Big C 超市旁边的小巷子进去约 100 米的地下钱庄兑换，最高的时候有游客换到过 4.82 的汇率。

TIPS

在旅行的过程中建议携带少量美元，美元毕竟是大货币，在任何地方都可以兑换。建议携带 100 面值整钞美元。

银行卡

泰国普遍接受 Visa、Master 这两种信用卡，中国的银联卡可以在曼谷的商场、机场免税店、市区 Kingpower 免税店使用，其他地区的商场和一般消费场所很少有银联 POS 机。标有银联标志的中国银行卡无论借记卡还是信用卡都可以在泰国标有银联标志的 ATM 机上取款，汇率按照中国银行卡发卡行汇率。

在机场 ATM 机上取款，ATM 机上有银联标志的都可以用，大部分 ATM 机都有中文界面，使用很方便。ATM 机的汇率为实时汇率，收取每笔 100 泰铢的手续费，建议尽量一次多取一些现金。另外，在 ATM 机查询余额，一次收取 20 泰铢。

省钱小助手

华夏银行卡每月境外取款第一笔免手续费。

旅行季节

泰国大部分地区属于热带季风气候。常年温度不低于 18℃，每年 11 月至次年 2 月受较凉的东北季风影响，比较干燥；3—5 月气温最高，可达 40～42℃；7—9 月受西南季风影响，是雨季。最佳旅行季节是每年的 10 月至次年 4 月，这一时期也是泰国旅游的旺季，出行、吃、住价格较高，一年之中旅游价格最高的季节是西方圣诞节以及中国春节前后。

省钱小助手

每年的 4—6 月以及 9—10 月是泰国旅游的淡季，这时候游客较少，住宿、餐饮、出行价格均较为便宜。

如何打电话

抵达泰国之后，可以办一张当地的电话卡，方便联系国内亲朋好友。在泰国办理手机电话卡非常方便，在机场、7-11便利店都可以办理各大运营商的预付费手机卡。泰国主要移动运营商有3家，分别为AIS、TRUEMOVE、DTAC，相对应的3种SIM卡的名称为1-2CALL、TRUEMOVE、HAPPY。泰国移动电话通信费用相当低廉，在泰国国内打电话只要1泰铢/分钟，全国无漫游，发短信略贵。打回中国一般为5泰铢/分钟，和中国国内移动电话的国际长途资费相比是非常便宜的。此外泰国还有ORANGE、TOT等运营商。泰国的3G网络是基于WCDMA建设（和中国联通的3G网络相同），但是WCDMA频段各有不同，这个需要注意，不然到了泰国办了卡不能使用3G。此外每家运营商都有不同的上网套餐，有299泰铢、199泰铢等不同价格，具体情况可以在办理的时候询问工作人员。

而泰国不同运营商还有自己的优惠接入国际长途方式。比如HAPPY卡拨打中国电话就是004+00+86+中国号码，这样每分钟仅需要3泰铢；TRUEMOVE卡的方式是006+00+86+中国号码，每分钟3泰铢；1-2CALL的方式是009+00+86+中国号码，每分钟4～5泰铢。

运营商频段及网络制式查询

AIS（WCDMA 900）
http://www.ais.co.th/3g/index_detail-en.html

DTAC（WCDMA 850）
http://www.dtac.co.th/en/help/faq/node/287

TRUEMOVE（WCDMA 850）
http://www.truemove.com/3g/device.html

从泰国打电话回国内的方式

拨打座机先拨00，然后拨中国国家代码86，然后拨区号。注意区号最前面的那个"0"是不用拨的，例如拨打北京的座机是00+86+10+座机号码。拨打手机是00+86+手机号码。以上是正常接入方式，

省钱小助手

出发前，在淘宝买一张HAPPY卡，到泰国直接放到手机里，稍后就会收到激活短信。这张卡包含上网的花费，价格在20～60人民币之间，很方便。

泰国常用词汇

情景	中文	泰语发音（音译）	泰文
日常用语	你好！	Sa-wa-di-ka（萨瓦迪卡）	สวัสดี
	你叫什么名字？	kun-ce-a-lai（坤侧阿莱）	คุณชื่ออะไร
	再见！	la-gong（拉拱）	ลาก่อน
	谢谢你！	kuo-kun（扩坤）	ขอบคุณ
	对不起！	kuo-tuo（扩拓）	ขอโทษ
	不明白！	mai-kao-zai（卖靠哉）	ไม่เข้าใจ
	你能帮我一下吗？	kun-que-can-dai-mai（坤鹊蚕代麦）	คุณช่วยฉันได้ไหม
	要	ao（凹）	เอา
	不要	mai-ao（卖凹）	ไม่เอา
	是	cai（菜）	ใช่
	不是	mai-cai（卖菜）	ไม่ใช่
	价格多少？	laka-tao-lai（拉咖讨来）	ราคาเท่าไร
	便宜一点可以吗？（两种说法）	tu-（n-oi 快连读）-dai-mai（土 n-oi 代麦）	ถูกหน่อยได้ไหม
		Luo-n-oi-dai-mai（裸尼奥依代麦）	ลดหน่อยได้ไหม
	贵了！	pian-le-i（翩叻一）	แพงเลย
	你真漂亮！	kun-sui-jing-jing（坤水晶晶）	คุณสวยจริงๆ
	你真英俊！	kun-luo-jing-jing（坤裸晶晶）	คุณหล่อจริงๆ
公共场所	火车站	sha-tan-ni-luo-huai（沙潭尼摞淮）	สถานีรถไฟ
	公共汽车站	sha-tan-ni-luo-mie（沙潭尼摞咩）	สถานีรถเมล์
	飞机场	sha-nang-bing（沙囊冰）	สนามบิน
	酒店	long-liang（隆凉）	โรงแรม
	学校	long-lian（隆帘）	โรงเรียน
	警察局	sha-tan-ni-dan-luo（沙潭尼丹摞）	สถานีตำรวจ
	医院	long-pa-ya-ban（隆帕雅般）	โรงพยาบาล
	洗手间	hong-nan（哄南）	ห้องน้ำ
水果	榴梿	tu-lian（突帘）	ทุเรียน
	红毛丹	e-o 快连读	เงาะ
	山竹	man-ku（蛮哭）	มังคุด
	买水果	shi-peng-le-mai（匙蓬勒卖）	ซื้อผลไม้

泰国旅行注意事项

君主礼仪

泰国人非常尊重他们的国王、王后以及王室家族，因此不要在泰国随意评价、批评王室成员。泰国法律有对王室不敬罪的处罚条例，因此游客要小心表现，如在公众场合有王室人员出席时，最好是留意其他人的动作，跟着照做，停下来后立正站好。听到演奏泰国国歌时，应马上停止活动，立正肃立，直到国歌或者赞歌结束。参观大皇宫，袒胸露背者及穿短裤、背心者是禁止入内的，其至衬衣没塞进裤子、袖管翻卷在胳膊上的人也不准进入。

寺庙礼仪

佛教在泰国的地位是神圣不可侵犯的，任何冒犯、亵渎的行为都可能会受到拘禁，即使对于外国游客也不例外。

拜访佛寺前应先检查一下衣着，袒胸露背者及穿短裤、背心者是禁止入内的，甚至衬衣没塞进裤子、袖管翻卷在胳膊上的人也不准进佛寺的门。游客在进入佛殿前还要脱鞋，否则会被视为玷污佛堂。在宗教建筑内就座的时候不要将脚底对向佛像，通常的坐姿是双腿盘着，或者采用双脚向后的"美人鱼"坐姿。

不要对寺庙、佛像、僧侣做出轻率的举动，否则就会被视为罪恶滔天。拍摄佛像尤其要小心，绝对不可爬上佛像拍照，不要在佛像前做各种奇怪的动作照相。

对所有佛像，不管大小都要尊敬。不要把佛像放在裤袋内，泰国人认为身体的下部接触佛像是对佛像的亵渎。不能手指僧侣，不能和僧侣有身体接触。尤其是女性，不许与僧侣握手，在汽车上不许与僧侣相邻而坐，即使是僧侣主动前来打招呼（外国女性常遇到）也应礼貌地拉开距离。女士若想将东西奉给僧侣，宜托男士转交，如果要亲手赠送，那么僧侣会张开一块黄袍或手巾，承接该女士交来的东西，整个过程中僧侣是不能碰触女性的。遇见托钵化缘的僧侣，千万不能送现金，因为这是破坏僧侣戒律的行为。在给僧侣拍照前，应先征得同意，拍照后应有礼貌地表示谢意。

传统社交礼仪

当泰国人互相打招呼时，不会采用传统的握手方式，而是双手合十，状似祷告，泰国人称此为"Wai"。一般来说，年幼的先向年长的打招呼，而年长的随后合十回礼，与中国打招呼的顺序相同。用下肢指向他人是不礼貌的行为，所以，与人对坐时，应该避免这种情况的出现。如果向某人指示东西，请以手代脚。泰国人认为头部无论在字义上还是象征上都是身体的最高部分，因此，他们是不容许任何人触碰他们的头部的，纵使是友善的表现。不要碰他们的头部，或者弄乱他们的头发，这会被视为侮辱、不友好的信号。同样，年轻人会在年长人士前刻意地把头部垂下，下至不高于年长人士的身高，以免留下"看不起"他们的印象。

公众场合礼仪

在泰国的公众场合，不要做出有损风貌的举动，如拥抱、亲吻或握手，这被认为是不符合当地风俗的。另外，仅在某些海滩允许裸体晒日光浴，在其他地方，泰国人不喜欢这种行为。泰国男女间讲究授受不亲，即使在公开场合跳舞时，身体也不可接触。

其他需要注意的禁忌

1. 泰国人不用红笔签名，因为泰国人死后，要在棺材口写上其姓氏，写时用的是红笔。泰国人喜爱红色、黄色，忌讳褐色。人们习惯用颜色表示不同日期：星期日为红色，星期一为黄色，星期二为粉红色，星期三为绿色，星期四为橙色，星期五为淡蓝色，星期六为紫红色。人们常按不同的日期，穿不同色彩的服装。过去白色用于丧事，现在改为黑色。

2. 在人经常经过的地方，如门口、房顶等地禁止悬挂衣物，特别是裤衩和袜子之类。

3. 在一些农村里，忌讳赞美别人小孩子长得漂亮。

4. 不能捡水灯。泰国人在每年泰历十二月的月圆时要举行水灯节，这是泰国最热闹的一个节日。在观看水灯时一定要注意，无论水灯多么精致美丽，都绝对不能捡起来，否则就会受到严厉的惩罚。

5. 假如你冒犯了别人，要微笑并说"对不起"以示歉意，还要双手合十。

6. 进入泰国人的住宅之前要脱鞋，不能踩门槛。如果主人坐在地板上，客人要照样行事。脚不要交叉，把腿卷曲在身体下面，不要露出脚底。

7. 给泰国人送礼的话，最好选用有包装的食物、糖果等，并以右手递给受礼者。如果泰国人送你一件礼品，在接受礼品前应先合十向他们表示感谢。除非对方让你打开，否则不要当面打开。

泰国交通

出发，准备好了吗？

曼谷

曼谷拥有两个国际机场，一个是位于曼谷以东25千米的素万那普国际机场，另一个是位于曼谷北部的廊曼机场。从中国各大城市出发均可以抵达这两个机场。

素万那普国际机场
（Suvarnabhumi Airport）

素万那普国际机场也称新曼谷国际机场。素万那普在泰语中意思是"黄金之地"。机场位于曼谷以东约25千米的Bangna-Trad公路第15里程碑处，是曼谷主要的民用机场，也是东南亚地区乃至亚洲重要的航空枢纽。其客运大楼为现今全世界第三大单体航站楼（56.3万平方米），整体为钢构玻璃帷幕建筑，共7个楼层，有360个报到柜台、124个入国证照查验窗口及72个出国证照查验窗口。中国国际航空、东方航空、中国南航、中华航空、国泰航空、港龙航空、长荣航空等航空公司均有多趟航班到达这里。

候机楼结构设计为地上四层，地下一层。各楼层主要功能为：

四层（出发厅）：国内、国际旅客乘机手续办理层，这里还有其他服务设施，如退税处、网吧、邮局、商店、行李寄存处、信用卡国际电话亭等。南航柜台位于10号门入口处。

三层（中转厅）：各航空公司休息室及很多服务设施都在此层，如餐厅、穆斯林礼拜室、商店、中转旅客计时休息室、美容室等。南航中转柜台位于西一区。

二层（到达厅）：国内及国际到达，服务设施有办理入境检查处，国内、国际旅客行李提取大厅，旅行、酒店信息中心等。南航在曼谷的行李查询业务由泰航代理，如有行李问题请咨询泰航行李查询处。

一层：服务设施有餐厅（位于8号门入口处）、信用卡国际电话亭、通往市内和其他地点的长途汽车站点。

地下一层：设有机场—市内的轻轨快线、餐厅及商店。

www.suvarnabhumiairport.com
0-21321888

机场交通
出租车

出租车24小时营业，在航站楼一层4号门口和7号门口提供服务。

长途巴士

⏱ 5:40-21:00

🚌 55 曼谷东站（Ekkamai）总车站—On-Nutch 路口—素万那普机场—Klongsuan—Klong Prawes—Chachoengsau—Amphur Bang Klah

389 素万那普机场—林查班港口（Leamchabang）—芭堤雅（Pattaya）

390 素万那普机场—Chachoengsau—Rongklua 市场（跳蚤市场）

825 素万那普机场—呵叻（Nakhon Ratchasima）—Khonkhaen—乌隆（Udonthani）—廊开府（Nongkhai）

9904 乍都乍（Jatujak）总车站—（高速公路）—素万那普机场—（高速公路）—春武里府（Chonburi）

9905 乍都乍（Jatujak）总车站—（高速公路）—素万那普机场—芭堤雅, Jpmthien（Pattaya）

9906-1 乍都乍（Jatujak）总车站—（高速公路）—素万那普机场—U-Tapau—Banchang—Maptaphut—罗永府（Rayong）

9906-2 乍都乍（Jatujak）总车站—（高速公路）—素万那普机场—Maptaphut 港口—罗永府（Rayong）

9906-3 乍都乍（Jatujak）总车站—（高速公路）—素万那普机场—罗永府（Rayong）

9907 乍都乍（Jatujak）总车站—（高速公路）—素万那普机场—Amphur Klaeng—春武里府（Chonburi）

9908 乍都乍（Jatujak）总车站—（高速公路）—素万那普机场—Kulpat Tour Center—Amphur Klung—Trad

9909 乍都乍（Jatujak）总车站—素万那普机场—拉差（Sriracha）—Leamchabang

9910 乍都乍（Jatujak）总车站—素万那普机场—Chachoensau—Banklah

9916 曼谷东站（Ekkamai）总车站—素坤逸（Sukhumvit）—（高速公路）—素万那普机场—Sakaew

机场大巴

🕐 6:00-21:00

¥ 150泰铢/人

🚌 **AE1线：** 席隆碧武里30巷（Silom Petchaburi Soi 30）—中央世界广场/世界贸易（Central World Plaza/World Trade）—BTS 叻差南蒂站（Rachadamri Station）—蓝毗尼公园（Lumpini Park）—莎拉当/素里翁路（Sala Daeng/Surawong Road）—蒙天酒店（Montien Hotel）—塔瓦纳华美达连锁酒店（Tawana Ramada Hotel）—假日广场酒店（Plaza Hotel）—席隆路/石龙军47/1巷（Silom Road/Charoen Krung Soi 47/1）—雷辛医院（Lertsin Hospital）—席隆中心（Central Silom）—席隆26巷（Silom Soi 26）—那莱酒店（Narai Hotel）—索菲特酒店（Sofitel Hotel）—曼谷银行（Bangkok Bank）—BTS 莎拉丁站（Saladeng Station）

AE2线： 邦琅普碧武里30巷（Banglumpoo Petchaburi Soi 30）—白金时尚购物中心（Platinum Fashion Mall）—碧武里20巷（Petchaburi Soi 20）—邬鲁蓬（Urupong）—沙盘考（Sapan Kao）—泰国国际航空（Thai Airways（朗兰 Langluang））—Rachnatda 寺—民主纪念碑（Democracy Monument）—拉坦克斯酒店（Ratanakosin Hotel）—国家大剧院（National Theatre）—Pra A-thit 路—普拉苏门炮台（Phra-sumen Fort）—考山路（Khaosan Road）

AE3线： 素坤逸路素坤逸52～50巷（Sukhumvit Sukumvit Soi 52～50）—Praanong 市场 —曼谷汽车东站（Eastern Bus Terminal）—素坤逸38、34、24、20、18、10巷（曼谷银行）～6、2巷（Sukhumvit Soi 38,34,24,20,18,10(Bangkok Bank)～6、2）—世纪百货公司/叻差南蒂路（Central Chidlom/Ratchadamri Road）—世界贸易/中央世界广场（World Trade/Central World Plaza）—碧武里路（Petchaburi Road）—碧武里25、35巷（Petchaburi Soi 25、35）—娜娜巷（Soi Nana）

AE4线： 胜利纪念碑（Victory Monument）—Rangnam 路 —99酒店（99 Hotel）—BTS 帕亚泰站（Phayathai Station）—生禽部门（Live Stock Department）—BTS（Rachathewee Station）—暹罗发现中心（Siam Discovery Center）—玛满矿（Maboonkrong）(MBK)—朱拉隆功大学/拉玛4（Chulalongkorn University/Rama 4）—柑橘酒店（Mandarin Hotel）—曼谷中心酒店（Bangkok Center Hotel）—华兰蓬火车站（Hua Lumpong Railway Station）

廊曼国际机场
(Don Muang International Airport)

机场位于曼谷以北 30 千米处，是泰国第二大机场。在素万那普国际机场没有修建好之前，这里一直是曼谷唯一的国际机场。廊曼国际机场启用于 1914 年，后因新机场的启用而被关闭。2007 年，廊曼国际机场正式重新运作，成为泰国最大的国内航班升降的机场。2012 年，中国游客熟知的廉价航空公司——亚洲航空整体搬迁至廊曼机场，廊曼机场也成为亚航的主要基地。目前，廊曼机场有 One-Two-Go 航空、Nok Air、亚洲航空 3 家公司入驻，除亚航外其他均是泰国国内航线。

机场交通
公交车

经过机场的公交分为空调和普通大巴。共有 6 条大巴线路连接廊曼国际机场和曼谷的不同地区。经过廊曼国际机场的公交车都会在乍都乍公园（Chatuchak Park）停车，在这里可以转乘地铁或者 BTS 轻轨快速到达市区。

机场快轨

这是最便捷的抵达机场的方式。
- 6:00—24:00
- 慢线：全程 28 千米，约 30 分钟。起点为 BTS Phayathai 站，经过 Ratchaprarop 站、Makkasan 站、Ramkhamhaeng 站、Huamark 站、Ban tubchang 站、Lardkrabang 站。票价根据里程，从 15 泰铢到 45 泰铢不等。见站就停。
- 快线：全程 25 千米，约 15 分钟，起点为 BTS Makkasan 站（Phayathai 往机场方向过去两站），直接到素万那普国际机场站。
- 快线轻轨（New SA Express）：2011 年 6 月 1 日正式开通运营，总长 28 千米，18 分钟之内即能从 BTS Phayathai 站直达素万那普国际机场，每小时一班车。

公共面包车
- 公共交通站、到达航站楼一层 3 号门与 8 号门、出发航站楼四层 5 号门
- 每人约 150 泰铢，一般抵达胜利广场

泰国交通 · 航空 · 铁路 · 公路 · 水运 · 区内交通 · 水上交通

空调车

🚌 4路 廊曼机场—是隆（Silom）

10路 廊曼机场—胜利纪念碑–南部地区汽车站

普通大巴

🚌 29路 廊曼机场—曼谷华南蓬火车站（Hua Lamphong）

59路 廊曼机场—玉佛寺（Sanam Luang）

95路 廊曼机场—Ram Indra Road—Ramkhamhaeng Road

出租车

从机场到达大厅出来后有专门的出租车服务台。到了之后服务人员会询问你到达的地点，写下来之后交给司机，通常情况下出租车是要打表的，但是很多出租车司机都不愿意打表，一般到市区，如考山路，司机会要价350泰铢左右，打表则只需要170～200泰铢。从廊曼机场出来，如果走高速还要交50泰铢过路费，机场出租车服务费30泰铢，这些费用都由客人自己承担。

火车

从廊曼国际机场还可以坐火车进入曼谷市区，火车的好处在于超级便宜，10泰铢左右即可到达市区，是泰国最便宜的机场交通。出了机场过一个天桥长廊就是廊曼火车站（Don Mueang Train Station），终点站是曼谷市区的华南蓬（Hua Lamphong）火车站，正式名称是曼谷火车站（Bangkok Train Station）。每天这两地的班次很多，运行时间40～50分钟。每小时1～3班，随时到随时买票。

🕐 华南蓬—廊曼方向最早一班5:45，最晚一班23:40

廊曼—华南蓬方向最早一班2:00，最晚一班22:00

阁昌岛（象岛）

可以坐飞机从曼谷素万那普机场至泰国东部城市达叻（Trat）机场，每天有3班往返，飞行时间60分钟。到达达叻机场后，转乘去阁昌岛西岸的巴士和轮渡，有巴士轮渡联程票。如果要去阁昌岛东岸需要额外租车。

机场直达大巴

曼谷素万那普国际机场内有直达阁昌岛的专线巴士。

🕐 7:50-11:00、14:00都有去阁昌岛的巴士。从机场到轮渡码头大概5个小时

清迈

清迈国际机场（Chiang Mai International Airport）是泰国五大国际机场之一，也是国际航班抵达泰北地区的门户。在这里起飞的国际航班直接飞往我国昆明、广州等地，而国内航班可以转机到泰国其他机场。

在清迈国际机场停泊的有中国东方航空、中华航空、港龙航空、泰国航空、亚洲航空等航空公司的航班。清迈飞往曼谷的飞机票价格并不是很贵，一般在1 200～2 000泰铢，飞行时间1小时。

阁沙梅岛（苏梅岛）

曼谷到阁沙梅岛的航程约80分钟，直飞阁沙梅岛的航线被曼谷航空所垄断，其他的航空公司的航班一般都飞往素叻他尼（Surat Thani），需要在此坐车前往东山港（Donsak Pier）乘坐 Racha Ferry 船运公司前往阁沙梅岛的船到达阁沙梅岛。亚洲航空（Air Asia）就有飞往素叻他尼机场（Surat Thani Airport）的飞机，而且可以预订飞机+陆运+水运的联票。

普吉岛

普吉国际机场（Phuket International Airport）是泰国境内仅次于新曼谷国际机场的最大旅运进出点，截至2006年，自普吉国际机场出入境的游客人数已突破了500万人。普吉国际机场距离普吉中心地带36千米，距离巴东、卡伦等海滩50～70千米不等。在这里停泊着包括泰国国际航空、中国国际航空、中国东方航空、中国南方航空、中华航空、港龙航空、大韩航空、亚洲航空等航空公司的航班。中国香港、北京、上海、广州、昆明等地都有直飞普吉岛的航班。

🌐 www.phuketairportonline.com

机场交通

从机场去普吉中心地带及各种海滩有以下几种方式：

出租车

乘坐机场出租车从位于岛北部的普吉机场出发，大约30分钟就可到达普吉中心地带。到普吉中心的话一般需要400泰铢，到海滩则要550泰铢以上。费用一般是固定的，在机场到达大厅的出口不远处有收款处，可以在那里乘坐，价格会公示在一个牌子上。

迷你巴士

到普吉中心地带需要100泰铢，到帕通海滩150泰铢，到卡伦海滩100泰铢，到卡塔海滩180泰铢。

从酒店到机场

普吉的各个酒店都提供送机服务，价格大约是500泰铢／车。

甲米

甲米国际机场（Krabi Airport）位于甲米城东14千米处，在繁忙的4号公路边。曼谷廊曼国际机场、素万那普国际机场均有飞往甲米的航班，飞行时间约1小时20分。在甲米还有飞往吉隆坡、新加坡等地的航班。

董里

从曼谷廊曼国际机场出发，乘坐Nok Air航空公司的班机，一天一班，大约1小时30分钟可到达董里。从董里机场到市内乘坐迷你巴士大约15分钟，票价60泰铢。

合艾

合艾国际机场主要由泰国国际航空公司和亚洲航空公司运营国内和国际航班，东南亚航线有国内的清迈、曼谷，每天有12次航班连接着合艾和曼谷，票价2 988～3 000泰铢。而国际航班可以到达马来西亚的吉隆坡等地。

泰国交通　•航空　•铁路　•公路　•水运　•区内交通　•水上交通

23

铁路

曼谷

曼谷的火车站位于市区南部，地铁可以抵达，火车站的正式名字是曼谷火车站（Bangkok Train Station），也称为华南蓬（Hua Lamphong）火车站，是曼谷最大的火车站。这里有发往全国的火车，北可以到达清迈，南可以到达合艾，以及出境到达马来西亚吉隆坡。华南蓬火车站经过6年的建设，于1916年开始使用。车站是意大利新文艺复兴时期的风格，装饰有木质屋顶和彩色玻璃窗。正门进入后有个大厅，左手边是售票窗口，右手边有各色餐厅、咖啡厅、书店、甜品店、便利店等。

在市区内可以乘坐地铁到达曼谷火车站

大城

如果选择坐火车，从位于曼谷市中心的曼谷火车站出发最方便，每天去往大城的班次有几十趟，分成Rapid、Super Express、Express和Ordinary 4个等级，车程1小时15分钟到2个多小时不等。

芭堤雅

如果选择乘坐火车从曼谷出发，周一至周五每天6:55从曼谷火车站有一趟列车发往芭堤雅，到达时间为10:33，列车为三等车。返程的列车于14:21从芭堤雅驶出，18:25抵达曼谷。从火车站或长途客运站前往海滩或市中心商业街，可以乘坐小客车或摩的。

华欣

曼谷每天有开往华欣的火车，全程大概4个小时。

从曼谷出发的火车每2小时一班，票价根据车型不等（购票无需护照和手续费，没有月台检票，上车有人检票，行车途中有人查票，因此请保管好车票）。

华富里

乘坐火车是最便捷的方式，从曼谷火车站出发，大约3个小时可以到达，每日有多趟火车。

佛统

火车是最便捷、最固定的抵达佛统的方法。每天从曼谷火车站有很多趟火车抵达佛统，票价按照不同的车厢等级而不同。

北碧

可在曼谷吞武里火车站（Thon Buri）搭乘前往桂河的火车，每天有两班，分别在7:35、13:45发车，约3小时即可抵达。另外每逢周末，在曼谷火车站有加班车前往桂河，6:30出发。

清迈

清迈是泰国铁路北线的终点站，每天有6班火车来往于曼谷和清迈之间，分快车（RAP）、特快（EXP）及加特快（SP）3种。快车行车时间为15小时，特快及加特快为12小时。也有火车铁路贯通清迈及其北部的城镇。

阁沙梅岛

在曼谷火车站可以买车船联票，大约需13小时。之后由接驳巴士将乘客运到东山港，大约需半小时。

董里

从曼谷火车站出发，大约15～16个小时可达。

合艾

每天有4班往返曼谷的火车，行程约为16小时，还有火车直达吉隆坡、新山、新加坡等地。

火车站设有预售票处和行李寄存处，两者每天的营业时间都是6:00-18:00。

大城

大城距离曼谷78千米。大巴车从曼谷北部的莫集汽车站（Mo Chit）发车，全程约1.5小时。可以乘坐BTS轻轨到达莫集站（Mo Chit）。

芭堤雅

如果选择乘坐大巴车从曼谷出发，东部Ekamai长途客运站有一等空调车（5:30-22:30，121泰铢，到达目的地需2—2.5小时）和二等空调车（4:40-21:00，97泰铢，到达目的地需3—5小时。）开往芭堤雅，每20—30分钟发一班车。北部长途客运站也有车发往芭堤雅，每半小时发一班一等空调车（5:30-19:00）。曼谷的素万那普国际机场也有大巴车直达芭堤雅。

阁昌岛

可以在曼谷的胜利广场附近乘坐到达阁昌岛的车。发车时间为每天7:00-19:00，每2小时一班车，全程5小时左右。

如果住在达叻，每天有3班迷你巴士去两个渡口，发车地点为Trat Department Store，10:00、12:00、15:00各有一班，全程约30分钟。

无论选择哪种交通方式，注意安排时间。到了阁昌岛再坐车去各个沙滩。

华欣

在曼谷BTS轻轨胜利纪念碑站附近，可以乘坐迷你大巴去华欣，每15分钟一班车，全程3个多小时。在曼谷汽车南站可以乘坐大巴车去华欣，全程大约3个小时。

从曼谷素万那普国际机场到华欣

素万那普国际机场有直接到华欣的豪华大巴，全程3小时20分钟。汽车停在华欣最南边，离中心小镇距离超过4千米。每天7:30-18:00发车，有6～8班车。

佛统

在曼谷胜利纪念碑西侧有很多开往佛统的小巴车，到达佛统每人需要60～120泰铢，坐满发车，发车时间从早上6:00开始。曼谷轻轨有胜利纪念碑站，可以坐轻轨抵达。或者在Boromrajajonnani路上的南部巴士终点站乘坐巴士。目前从曼谷出发到佛统，经常走的是新、老两条路线，而且根据巴士等级不同，舒适程度也不一样，分为一级、二级空调巴士和非空调巴士。

北碧

从曼谷搭乘巴士前往北碧约需2小时，可至曼谷南部巴士总站乘车，普通巴士自4:00起发车，每隔15分钟就有一班巴士开出，至20:00止，可致电02-4345557咨询。

冷气巴车有两种，蓝色：自5:00起，每隔20分钟有一班车，至22:30止；橘色：自5:10起，每隔20分钟有一班车，至20:30止，可致电02-3455012咨询。

清迈

清迈有两个汽车站：Arcade汽车站位于清迈东北部Kaew Nawarat路的东端，有班车开往曼谷及其他府；另一个是Chang Pheuak汽车站，位于清迈北部，从这里开出的主要是在清迈府内往来的班车。

清迈—曼谷

Arcade汽车站每天有10多班开往曼谷汽车北站的班车，车程约12小时，最后一班车为22:00左右。另外有一种由考山路上的旅行社经营的巴士，一般是晚上从清迈出发，次日早上到达，票价比公营巴士稍贵，但对入住考山路的背包客来说比较方便。

清迈—清莱

由Arcade汽车站发往清莱的班车车次频繁，每小时至少有一班车，全程3小时。

警惕清迈至曼谷的汽车偷盗事件。清迈至曼谷的大巴车时而会出现给客人下迷药、趁客人睡着时偷盗的事件。游客在清迈和曼谷间往返时，一定要选择正规大巴公司的车

辆，建议选择泰国NCA长途大巴公司，因为在众多大巴公司中，NCA的服务最为人称道。NCA是NakhonchaiAir的缩写，号称陆地航班，是大巴公司中唯一要对行李进行安检的公司。

清莱

清莱府是泰国最北部的一个府，地处泰国、老挝、缅甸三国交界处，距首都曼谷约900千米。从清迈到清莱约3小时车程。

省钱小助手

在清迈参加清莱一日游，主要是游览灵光寺（白庙）、金三角和长颈族村等。

素可泰

从曼谷到素可泰

在曼谷汽车北站坐大巴车到素可泰，每天只有2班车（12:00和14:00发车），全程7小时。

从清迈到素可泰

清迈南部的汽车站有到素可泰的大巴车。早上有7:00、8:45两班车，车程约5个小时。可在素可泰古城下车，车子会经过历史公园大门。

从大城到素可泰

大城汽车北站有去素可泰的班车。车站位于火车站方向、城东7千米左右，6个小时到达素可泰。

阁沙梅岛

曼谷的华南蓬火车站可以买车船联票，到阁沙梅岛大约需13小时。之后由接驳巴士将乘客运到东山港，大约需半小时。

普吉岛

很多游客也会选择从曼谷坐汽车去普吉。从曼谷到普吉，路程近1 000千米，车程约12小时。曼谷市南线巴士总站（位于Pinklao-Nakhon Chaisri Road）每天早晚各有若干班车开往普吉，推荐乘坐泰国NAC大巴公司的车。此外普吉到周边地区也有大巴车。

普吉—合艾

每天早上有数班班车，车程6—7小时。

普吉—甲米

7:00-19:00有固定班车，车程4小时。

普吉长途汽车总站（Phuket Bus Terminal）

原本这个汽车站在普吉中心区域，现在搬迁至普吉东北部402公路（Thepkrasittri Road），汽车站斜对面有Super Cheap购物中心。普吉的老汽车站只有普吉府内交通和普吉到攀牙府的汽车。

甲米

甲米距离泰国首都曼谷816千米，曼谷的南线长途汽车站有大巴车前往甲米，每天4班，车程约13小时30分钟。

董里

从曼谷南部长途客运站出发，大约15小时可达。普吉、合艾、素叻他尼等地也有车发往这里。

合艾

从曼谷南部巴士总站搭乘空调巴士前往宋卡府的合艾约需14小时。合艾的小型公共汽车站位于市中心东南2千米处，不过很多公共汽车都会在市内停靠。到车站的嘟嘟车费用约为50泰铢。从合艾出发的公共汽车可前往曼谷（14小时）、甲米（5小时）、阁沙梅岛（车船联运）。从马来西亚的槟城搭乘巴士只需3小时即可到达合艾，从吉隆坡出发需9小时。还可从新加坡坐巴士直达合艾，路途比较远，大概19个小时。

阁沙梅岛

乘坐Racha Ferry船运公司前往阁沙梅岛的船，船程大约2.5小时，开船时间分别为8:00、10:00、12:00、14:00、16:00、17:00、18:00。除了以上正点船次，其他时间票价会加倍。除此之外还有Songserm Travel经营的Express Passenger Ferry轮船，但它是从素叻他尼府的Tha Thong码头出发，每天只有早上8点一班，船程大约3小时。

Racha Ferry、Express Passenger Ferry也有开往阁帕岸岛（Ko Pha Ngan）、阁道岛（Ko Tao）的船，阁沙梅岛与阁帕岸岛之间也有航线。

普吉岛

每天有两班渡船在普吉东南的普吉深水港（Phuket Deep Water Port）与阁披披岛（Ko Phi Phi Don）之间往返，可进一步由阁披披岛乘坐渡船到甲米。

从阁披披岛乘船可以到达普吉城东侧的码头。从码头乘坐迷你巴士前往普吉，到芭东、卡伦、卡塔海滩。从阁披披岛出发，基本上船票的费用中都包含了到普吉酒店的迷你巴士费。只要给工作人员看一下船票，他就会告诉你所要乘坐的迷你巴士了。

区内交通

曼谷
轨道交通

曼谷市区的轨道交通分为轻轨列车（BTS）以及地铁（MRT）两套体系，基本覆盖市区主要的路段，曼谷的轨道交通图以颜色来区分线路和类型。对于堵车为家常便饭的曼谷来说，乘坐BTS与MRT是最佳的选择。

BTS 轻轨列车
机场线路

机场蓝线是SA城市线路（SA City Line），这是机场轻轨慢线，逢站必停。

机场红线是SA机场快线（SA Express Line），直达终点，不停站。两条线路，其中一条终点是换乘MRT（细浅蓝色）的玛卡讪（Makkasan）站，另一条终点是换乘BTS（粗草绿色）的帕亚泰站（Phaya Thai）。

城市线路

粗蓝色是是隆线（Silom Line），主要途经国家体育场站（国家竞技场）、暹罗站（暹罗广场，素坤逸线换乘站）、莎拉当站（可换乘地铁MRT）、沙潘塔克辛站（游船总站，轻轨BTS旅游信息中心）。

草绿色是素坤逸线（Sukhumvit Line），北起莫集站，南到安努站，主要途经暹罗站（市中心购物区，是隆线换乘站）、奇隆站（四面佛）、阿索克站（可换乘地铁MRT）、安努站（可乘坐开往廊曼国际机场的155路公共汽车）。

🕐 6:00-24:00

💴 单程票价：15～40泰铢（随路程距离远近不同而不同）

通票：1日票120泰铢。30日有效的BTS Smart Card分20次440泰铢和30次600泰铢两种，押金30泰铢；另有储值卡按次扣款，每次乘车有2～4泰铢不等的优惠，押金30泰铢

❗ 在每一个轻轨站点都设有售票机，该机只收5泰铢和10泰铢的硬币，可以到服务台换零钱。服务台还有小册子，其中详细记载了各条通勤和旅游的线路。另外，在所有轻轨的售票亭里都可以免费领取轻轨交通网络地图。过了检票门之后，跟着指示牌走，就能找到你要乘坐的线路以及要到达的终点了。暹罗站位于暹罗广场和暹罗中心前门，站台比其他站高出一倍，在这里你可以从其中一条线路上下来，换乘另外一条线路

MRT 地铁线路

曼谷地铁（MRT）目前只有一条线路，由华南蓬火车站（Hua Lamphong）到甘烹碧（Kamphaeng Phet）。主要站点：华南蓬火车站、三养站、是隆站（可换乘轻轨是隆线，但需重新购票）、乍都乍公园站（长途客运北站）。

💴 单程票价：成人15～39泰铢（票价随路程的距离远近不同而不同）

❗ BTS和MRT的单程票、通票均不通用，需分别购买

省钱小助手

在曼谷乘坐地铁可以购买使用储值卡，每次优惠2～4泰铢，储值卡押金30泰铢。也可以根据个人停留时间购买通票，1日票120泰铢，3日票230泰铢，30日票900泰铢。

公交巴士

因为曼谷的道路大多盘根错节，公交车站牌通常只显示站名和线路，而且是用泰文标识，除此之外再无其他信息了。在曼谷坐公交车，需要注意公交车是几路车和车的颜色，二者缺一不可。因为蓝色11路车可能跟红色11路车的路线不同（尽管多数情况下相同），同时也可能不是空调车。

> **省钱小助手**
> 在曼谷出行，乘坐巴士是最便宜同时也是最具挑战性的方式。

出租车

曼谷的出租车分为两种，一种标注"TAXI-METER"，一种没有标注。标注着"TAXI-METER"的是按计价器收费的，不写的则需要事先交涉一下价格。曼谷出租车起步价是35泰铢（约合人民币7～8元），车行2千米后每千米加收5泰铢。在曼谷市区打车价格通常在100～300泰铢。在泰国的所有机场，出租车候车点在二楼入境大堂4号以及8号出口。在机场乘车还要收取50泰铢的服务费及高速公路费。从市中心打车到素万那普国际机场约350泰铢（不含高速公路费）。

曼谷是一个堵车大都会，在高峰期等候的时候出租车的计价器是1泰铢1泰铢跳的，因此，在高峰时期建议选择乘坐轻轨（BTS）或地铁（MRT）出行。

> **省钱小助手**
> 建议大家乘坐有"TAXI-METER"字样顶灯的出租车。对于游客来说尽量不要与司机谈价，特别是对于一个在泰国的外国人，司机开的价格往往是正常打表的几倍。
> 上车前可打开前门，指着计价器问司机"By meter？（打表吗？）"，如果司机说"Yes"就上，要谈价就不要上。上车后如果司机谎称计价表有问题，那就坚决下车，否则挨宰没商量。

嘟嘟车（TUK-TUK）

嘟嘟车是东南亚国家的特色交通工具，一般来说，嘟嘟车的价钱会比出租车便宜30%左右。最好在上车前先跟车夫讲好价钱，因为有些嘟嘟车车夫会对外国人漫天开价，因此，还是打车出行比较好，也比较安全。

大城

租自行车或摩托车是最方便的方式。火车站距离市区还是有一定距离的，坐嘟嘟车大约70泰铢。或在大城包嘟嘟车游玩，约200泰铢/小时，玩完老城景点大约要花费800泰铢。

芭堤雅
双条车

芭堤雅市内大街上行驶着大量双条车。海滩大道和芭堤雅塞颂大街上有小客车的循环单行线，乘坐非常方便。乘客和司机说完要去的地方，按一下车顶上的按钮，司机就会停车，把车钱给司机就可以下车了。车费一般为20泰铢。

公交巴士

有三条市内公交巴士线路。各线路都是在9:00-24:00运行，每20—30分钟发一趟车，费用为35泰铢。

阁昌岛

岛上有一条主路，而且只有这一条路，所以不用担心迷路。这条路一面是海，一面是山。

华欣

华欣是一个小镇，公交车之类的很少见，最常见的就是嘟嘟车。嘟嘟车有三轮也有四轮的，起步价基本都是100泰铢。华欣不大，建议可以租摩托车游览。此外，还有人力三轮车，50泰铢/辆，一辆车最多可以坐两个人。

清迈
出租车

清迈市内有打表的出租车，该类出租车可以按距离收费，也可以在上车前和司机议好车资。

双条车

这是泰北最常见的交通工具，车身以枣红色为主，由于车后面有一截载客车厢，左右各有两排长条形的座椅，故称双条车。这种车主要是由皮卡或是小卡车改装而成，其计价形式介于巴士与出租车之间：双条车有固定运行路线，按照距离长短收费，乘客只要扬手示意便可随时上车，亦可向司机议价或包车。一般来说在清迈市区，上车20泰铢起，但只要在老城及其周边区域都是20泰铢/人。

嘟嘟车

嘟嘟车属改装的三轮摩托车，通常只在市内短程行驶。嘟嘟车司机通常对游客要价较高，要记得谈价格。

省钱小助手

骑摩托车游清迈是非常方便的，清迈满大街都是提供摩托车租赁的商店，普通的100~125cc的小型踏板摩托车一天的租金在200~250泰铢。租赁摩托车需要提供护照，并用护照做抵押，油费自理，每天的油费大约60泰铢就足够了。

阁沙梅岛
双条车
这里的双条车是类似曼谷嘟嘟车的载人小货车，车身多为红色，岛上随处可见，招手即停。费用 10～50 泰铢。

出租车
在阁沙梅岛乘坐出租车不是最好的选择，其价格比双条车要贵，而且出租车司机经常对拉着行李的游客狮子大开口。如果非要乘坐出租车的话，应该在机场询问处咨询收费标准（起步价 200 泰铢），在上车之前和司机讨价还价。下车的时候尽量不要拿大面值的钞票给司机找钱。

租车
游客可以在饭店或各个海滩的汽车租赁店内租赁汽车或摩托车。吉普车一天的租金是 700～1500 泰铢，120cc 摩托车则是 150～200 泰铢，汽油每公升 40 泰铢。机场及各大海滩都有服务柜台，一般都要求游客抵押护照。如果游客对自己的驾车技术不太放心，也可以在酒店或旅行代理店雇用司机。

水上交通

阁沙梅岛
阁沙梅岛上共有 5 个大小不等的轮渡码头，包括纳吞码头（Na Thon Pier）、通阳码头（Thong Yang Pier）、湄南码头（Mae Nam Pier）、大佛码头（Big Buddha Pier）和波菩码头（Bo Phut Pier），在这些码头分别有船开往周边岛屿和素叻他尼。码头分布在阁沙梅岛的西岸和北岸，其中最大的是位于纳吞的纳吞码头，其他的码头只在旅游旺季开通前往周边岛屿的一些班次。它们的名称和航向如下。

纳吞码头
纳吞—素叻他尼：Songserm 公司的快船，船程 2.5 小时，费用 150 泰铢，每天有一班船开往素叻他尼；Seatran 公司的快船，船程 2 小时，费用 250 泰铢，每天有两班船开往素叻他尼的东山港；Seatran 公司另有车渡，约需 2.5 小时，费用 150 泰铢，白天每小时发一班，开往素叻他尼的东山港，晚上 9 点还有一班慢船，船程 6 小时，费用 150 泰铢，开往素叻他尼的 Ban Don 码头。

波菩码头
波菩—阁道岛：Songserm 公司的快船，船程 1.5 小时，费用 550 泰铢，每天有两班船开往阁道岛。

湄南码头
湄南—阁道岛：Songserm 公司的快船，船程 1.5 小时，费用 550 泰铢，每天有两班船开往阁道岛；慢船只在每天早上有一班，费用 380 泰铢，船程 3.5 小时。

阁沙梅岛有两家航运公司分别为 Lomprayah 和 Seatran。Lomprayah 公司的船大，

设施相对新,不容易晕船,缺点是不能到甲板上看风景。Seatran 公司的船相对较小,比较旧,但可以去甲板看风景。

🌐 Lomprayah 公司网址:
www.lomprayah.com

🌐 Seatran 公司网址:
www.seatrandiscovery.com

普吉岛
小客车

小客车有固定的行车线路,在普吉与各个海滩之间穿梭。价格便宜,营运时间为 7:00-18:00,每 30 分钟发一班车。途中如果想下车的话就举手示意,可以在自己想下车的任何地方下车。

出租汽车、摩托车

在普吉有出租汽车和摩托车的店面。费用大约为:排气量 120cc 的摩托车一天 200～250 泰铢,吉普车一天 1 000 泰铢以上。如果是淡季的话可以砍价。普吉中心区内道路较为平整,容易驾驶,但是普吉周围的交通流量较大,还是要多加注意。

甲米

与泰国大部分地方一样,这里是以嘟嘟车以及双条车为主要交通工具的,当然这里也提供摩托车租赁,大多数游客会选择租摩托车出行。

泰国交通 ·航空 ·铁路 ·公路 ·水运 ·区内交通 ·水上交通

33

泰国好好玩

"哇！这就是泰国！"

超惠游 泰国

曼谷

200多年前，曼谷还只是一个小型贸易中心和港口。1767年，旧都大城被缅甸军攻陷并彻底破坏；1782年，泰国曼谷王朝拉玛一世国王迁都至湄南河西侧的吞武里，并将其命名为"军贴"，意思是天使之城。随着泰国经济的发展，市区开始向东、北部扩展。在19世纪中后期五世王朱拉隆功大帝时代，王宫群开始向北建设；继任的国王继续往北建造其他宫殿。同时，在湄南河东侧逐渐形成经济中心。20世纪后，都城中心移往湄南河东侧，也就是现在曼谷所在的位置，西侧如今成了老城区。

曼谷地势低洼，多河流，加上不断开挖人工运河，到了19世纪，曼谷已经成为水上都城。河上舟楫如梭，货运频仍，此外还有水上市集，因此曼谷有"东方威尼斯"之称。随着陆上交通及现代化工商业的发展，河流逐渐丧失交通要道的作用。从1969年起，大多数的河道被填平，变成喧闹的马路。现在还有十多条河道蜿蜒流经市区。

现今的曼谷高楼林立，是东南亚首屈一指的大城市。堵塞的交通和被污染的空气，使曼谷像世界上许多大城市一样被诟病。在这喧嚣与嘈杂的大城市里，华丽的泰国传统建筑与摩天大楼将历史与现代连接起来，吵闹拥挤的大街、安静的居民小巷、美丽的公园、郁郁葱葱的热带花园、胜利广场周围的小摊贩、是隆路的红灯区、帕蓬的罪恶夜市，还有庄严肃穆的大皇宫、湄南河上游荡的小船、漫天要价的嘟嘟车司机、不愿意打表的出租车司机、对你微笑的人民、帮你带路的陌生人、搭你一程的顺风车……这个城市的元素精彩而又充满魅力。踏上泰国这片可爱的土地，曼谷是你认识它的开始！

大皇宫
(Bangkok Grand Palace)

🏠 曼谷市中心区，紧邻湄南河 🚌 乘坐1、2、3、9、502、503等路公交车可到达这里；还可以搭乘地铁BTS线到Saphin Taksin站下，换乘观光游船，到Tha Tien（N8）码头下 ¥ 500泰铢（套票，包括玉佛寺、大皇宫、阿南达宫、柚木王宫），在入口处有中文讲解器可以租用，收费200泰铢，需要抵押护照或者信用卡 🕐 8:30-17:00（15:30后停止售票和进场）❗ 在大皇宫门口及周边经常会有人拉住外国游客，说今天大皇宫不开门，然后拉着你去旁边的一个宫殿参观，这类人通常都手持一把雨伞，请不要理会。大皇宫除极特殊原因外都会对外开放

曼谷大皇宫是曼谷乃至泰国的象征，是市中心内一处大规模的古建筑群，自拉玛一世（1782年）时开始建造，曾一直是遏罗王国皇室的居所。大皇宫由一组布局错落的建筑群组成，凝聚了绘画、雕刻装饰艺术的精华。它是泰国诸多皇宫中保存最完整、规模最宏大、最有民族特色的皇宫，自拉玛一世到八世都居住在这里。1946年拉玛八世在宫中被刺之后，拉玛九世便搬至大皇宫东面新建的集拉达宫居住，大皇宫现仅用于加冕典礼、宫廷庆典等仪式活动。大皇宫建筑群共有22座，主要建筑是4座各具特色的宫殿，从东向西一字排开，具有一色的瓷砖屋脊、紫红色琉璃瓦屋顶和凤头飞檐，屋顶是典型的泰国三顶式结构，集中了泰国数百年建筑艺术的精华，有"泰国艺术大全"之称。大皇宫内有4座宏伟建筑，分别是节基殿、兜率皇殿、阿玛林宫和玉佛寺。大皇宫内还有很多具有中国元素的石像，许多建筑都用来自中国的瓷器碎片作装饰。

泰国好好玩 · 曼谷 · 大城 · 芭堤雅 · 阁昌岛 · 华欣 · 华富里 · 佛统 · 北碧 · 清迈 · 清莱 · 素可泰 · 阁沙梅岛 · 普吉岛 · 合艾 · 甲米 · 董里

37

节基殿 Hakri Maha Prasad

　　节基殿是大皇宫内规模最大的皇殿，建于1876年拉玛五世时期，节基有"神盘、帝王"的意思，也是曼谷王朝的名称。建筑风格属于英国维多利亚女皇时代的艺术风格，殿顶有3个泰国传统建筑艺术风格的方形尖顶。

泰国好好玩 •曼谷 •大城 •芭堤雅 •阁昌岛 •华欣 •华富里 •佛统 •北碧 •清迈 •清莱 •素可泰 •阁沙梅岛 •普吉岛 •合艾 •甲米 •董里

兜率殿 Dusit Maha Prasat Hall

兜率殿主要是为国王、王后、太后等重要人物举行葬礼的地方，其他重要的典礼，如国王登基纪念日也在这里举行。

玉佛寺 Wat Phra Keo

玉佛寺位于大皇宫的东北角，是泰国最著名的佛寺，也是泰国三大国宝之一。玉佛寺建于1782年，历史相当悠久，属于泰国曼谷王朝开朝时的建筑。拉玛一世是首位将泰国首都迁至曼谷的国王，他将玉佛寺视为国家守护的宗教圣地，并在此地为王族举行重要的仪式。

玉佛殿 The Main Hall

　　玉佛殿是玉佛寺主殿，据说是以大城王宫为原型建造的，殿内供奉的玉佛由一整块翠绿璧玉（翡翠）雕成，高约66厘米，宽约48厘米，有玻璃保护，上有多层华盖，基座相当高。据说这尊佛像曾在许多地方停留过，最终停留在老挝万象，后来吞武里王朝的郑王大帝从万象请玉佛到郑王寺供奉，后来拉玛一世将泰国首都迁至曼谷之后，即请玉佛到玉佛寺皇宫内供奉。每年三季都由国王为玉佛换上不同朝服，以示尊敬。在玉佛周围另有4尊金佛，主寺内的壁画则是释迦牟尼佛由诞生到涅槃的故事。供奉玉佛的主殿共有40根四角形立柱，并在廊下装饰有112尊鸟形人身的金像。大殿内禁止照相，需要脱鞋进入，不许将脚掌对着佛像。

乐达纳舍利塔 Phra Sri Ratana Chedi

　　在玉佛寺内有一座金色的高大佛塔，这是由拉玛四世主持修建的，佛塔的样式属于素可泰时期传入泰国的斯里兰卡佛塔风格。佛塔内收藏着佛祖释迦牟尼的舍利。

省钱小助手

如果衣服不合格，在入口处有免费衣服可以借用，每人需要交纳200泰铢的押金，押金不找零，请备好零钱，还衣服的时候押金会退还。

藏经阁 Phra Mondop

拉玛一世建造的藏经阁是典型的泰式建筑，藏经阁内有一部用金片制成的经书。藏经阁北部有一个依照柬埔寨吴哥窟建造的微缩吴哥窟模型。

壁画

最外围的围墙是白色的，内墙绘有泰国版罗摩衍那（Ramayana）史诗神话的场景。参观时可由玉佛寺北门开始，依顺时针方向观赏178幅壁画，多数壁画都有泰文的说明。除此之外，在玉佛寺中出现的5米高的守门神雕像，其中就有几个出现在罗摩衍那史诗神话的壁画中，如猴王哈奴曼（Hanuman）、反派十面巨人罗波那（Ravana）等。

TIPS

大皇宫对进入其中的游客的着装有严格要求，短裤、超短裤、短裙、超短裙、紧身裤以及无袖衬衫或背心都不可以穿在外面，布料通透的衬衣和女式上衣，以及运动衫、长款运动裤、风衣、宽腿裤、渔夫裤、拖鞋也不能穿。所有衬衣袖子不论长短，都不能向上卷起。

泰国好好玩 · 曼谷 · 大城 · 芭堤雅 · 阁昌岛 · 华欣 · 华富里 · 佛统 · 北碧 · 清迈 · 清莱 · 素可泰 · 阁沙梅岛 · 普吉岛 · 甲米 · 合艾 · 董里

41

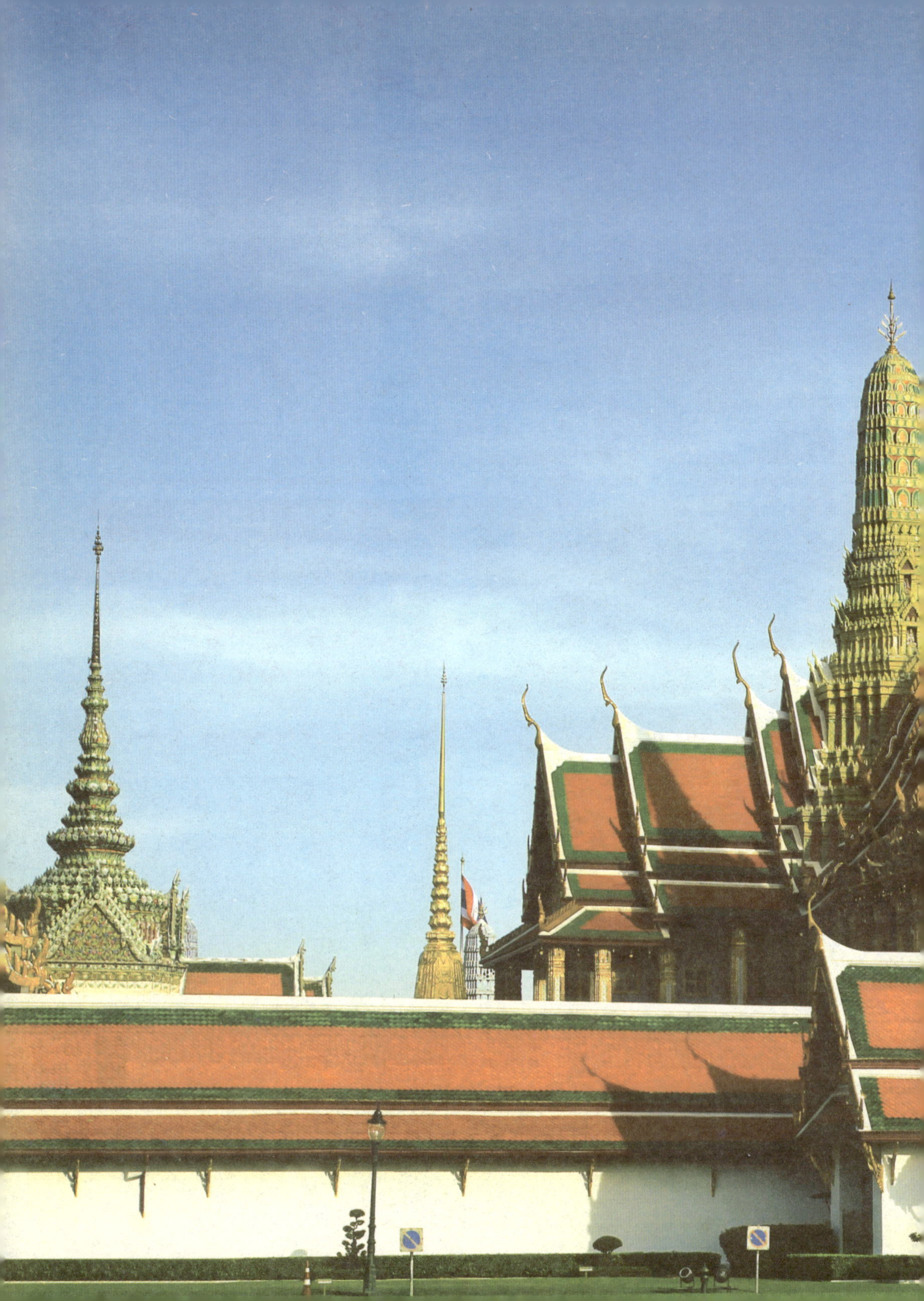

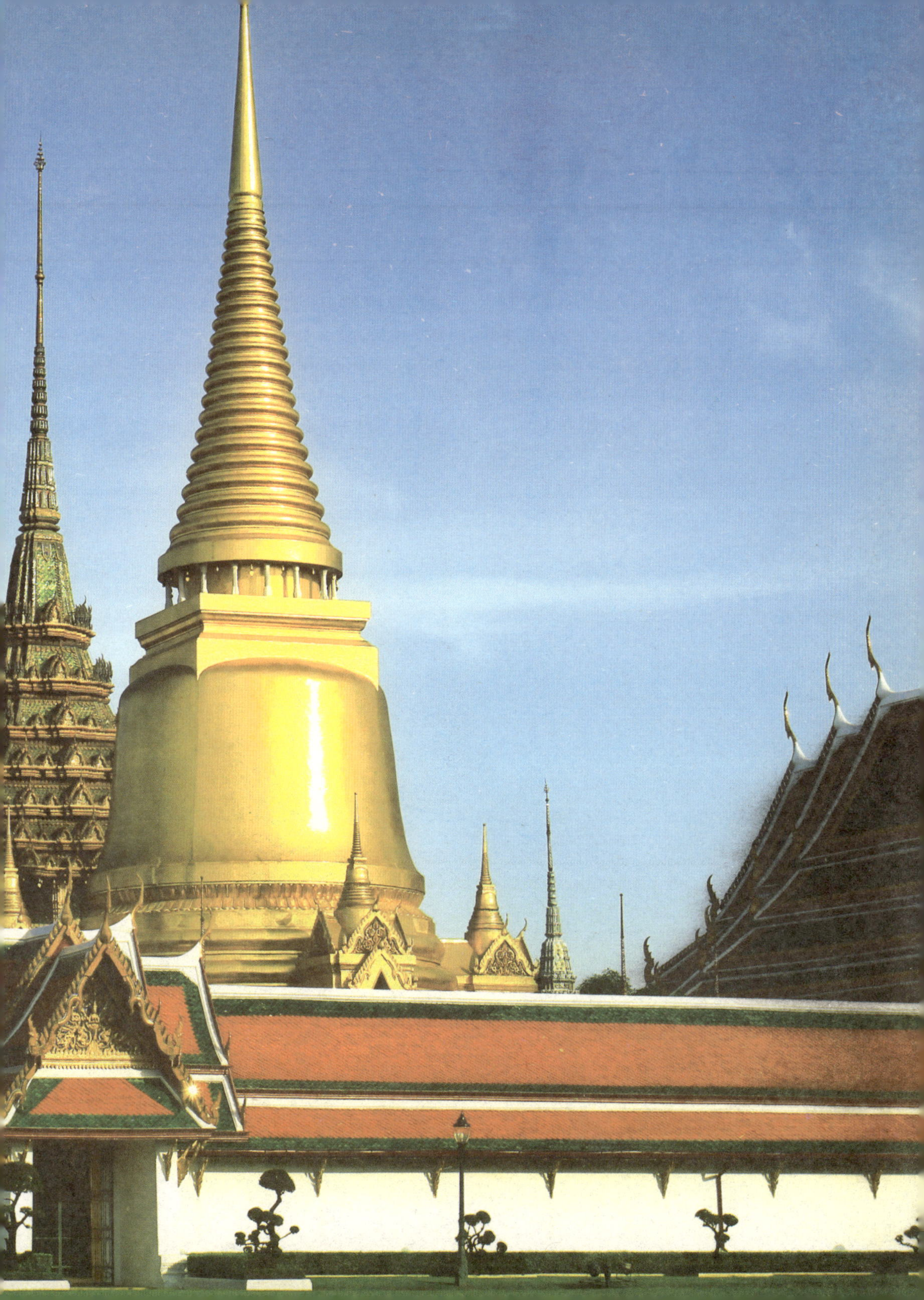

皇家田广场
（Sanam Luang） **免费**

🏠 玉佛寺（Wat Phra Keo）的北边

在曼谷大皇宫外有一片巨大的绿地，这就是皇家田广场，这块绿地为泰国皇室所有。每年，泰国重要节日——春耕节的皇家仪式就在这里举行。在仪式上，国王任命的春耕大臣戴白色尖顶礼帽，着白色长袍，由500名身着古典服装的仪仗队伍簇拥至皇家田广场，并由婆罗门祭司陪伴，向国王叩拜。之后再至佛陀和婆罗门诸天神像前焚香礼拜，祭司将法水洒在春耕大臣手中，春耕大臣再将水抹在额头。之后，春耕大臣手持犁柄，驱牛作耕地状，5名婆罗门吹螺在前，祭司与卫士在两侧，4位装扮成神女的少女抬着盛满谷种的金竹篓和银竹篓也加入至队伍中，春耕大臣从篓中取出谷种撒播在田中，祭司则将法水洒在土地上。此仪式结束后，卸下牛套，让耕牛自己从准备好的稻谷、玉米、豆子、芝麻、酒、水和青草中挑选食物，耕牛先吃哪种则表示该农作物会大丰收或水源、草源丰沛茂盛。

卧佛寺
(Wat Pho)

🏠 Maha Rat Road 🚌 曼谷市内乘坐1、8、12、75路公交车都可到达；搭乘BTS到Taksin站，走2号出口到Central Pier，乘坐往右手方向航行的公交船，至Tha Tine(N8)码头，出巷口右前方即是 ¥ 50泰铢 🕐 8:00-17:00

　　卧佛寺位于大皇宫的南部，是曼谷最古老、最宏伟的寺庙，总面积约80万平方米，它拥有超过一千尊佛像，以及泰国最大的室内卧佛像。卧佛寺的前身是建于1788年的福哈伦寺（Wat Phodharam），早在定都曼谷之前就已经存在，拉玛三世时重修，并将寺庙向大众开放。曼谷玉佛寺分为南北两个院落，北院是卧佛寺和藏经阁，南院是僧侣宿舍。卧佛寺内卧佛为世界最大卧佛，长46米，

泰国好好玩 · 曼谷 · 大城 · 芭堤雅 · 阁昌岛 · 华欣 · 华富里 · 佛统 · 北碧 · 清迈 · 清莱 · 素可泰 · 阁沙梅岛 · 普吉岛 · 甲米 · 合艾 · 董里

45

高 15 米，每只脚的脚底便长达 5 米，上刻有 108 个佛像图案，眼睛和足趾都镶嵌着贝壳。巨大的卧佛几乎占据了整个佛殿，卧佛姿态优雅，右手托头，全身侧卧，悠然于佛坛之上，殿堂四壁刻画着描写佛祖生平的巨型壁画，表现出佛祖涅槃的境界。

卧佛寺之中佛塔林立，大小佛塔加起来有近百座之多。这些佛塔或贴满金箔，或镶满彩瓷，其中的 4 座大塔尤为壮观。卧佛寺内走廊柱上、壁上书写着有关寺庙历史、佛史、药方、文学等方面的内容，形成了卧佛寺内的另一独有景观，诸多在民间已经难以寻到的知识在这里却可以寻到。也因此，卧佛寺有了"泰国第一所大学"之名。同时，这里也是泰式按摩的发源地。

在卧佛寺内传统的泰式按摩也是不可错过的项目之一，而且游客还可以参与按摩课程的学习，探寻古老的泰式按摩之根源。

省钱小助手

卧佛寺还是泰式按摩的最高殿堂，游客可在寺院周围享受最正宗而又价格公道的传统按摩。

TIPS

售票处附近有英语导游提供收费讲解，导游费每人 150 泰铢，两人或两人以上 300 泰铢。

泰国国家博物馆
（National Museum）

🏠 178街与13街交界处，王宫北面 🚌 临近王宫，可步行前往 ¥ 200泰铢 🕐 周三至周日 9:00-16:00

　　泰国国家博物馆是东南亚最大的博物馆之一，也是泰国最大、藏品最多的博物馆，更是了解泰国历史、文化、宗教及艺术的最佳地点。

　　博物馆始建于1782年，在1874年的拉玛五世时期成为一座真正的博物馆。博物馆原来在大皇宫内，1887年搬迁至现在位置。这里收藏了泰国各个时期的雕刻和古典艺术

泰国好好玩·曼谷·大城·芭堤雅·阁昌岛·华欣·华富里·佛统·北碧·清迈·清莱·素可泰·阁沙梅岛·普吉岛·甲米·苏梅岛·合艾

47

品，包括木偶和皮影戏用具，以及远至石器时代、近至当代的曼谷王朝各个时期的文献、民间器具、古佛像、国王御用武器、船及各种用品和工艺品。博物馆共有3个永久性展区，分布在不同的建筑里。其中，最精致的是 Phutthai-sawan 礼拜堂，建于1787年，用以收藏极度神圣的佛像。墙上的丰富壁画，描述了佛祖的一生。馆内还陈列着泰国重要的历史文物，如班清文化时期出土的文物、劝武里府女子古乐队的灰塑、西维差时期的指地印那伽光背佛像、有"泰国维纳斯"之称的阿瓦罗甘旦舜菩萨像、素可泰时期的著名石碑以及古代兵器、服饰、乐器、陶瓷、五彩瓷、象牙雕、珠母镶嵌、木偶、御用车辆等。

馆内最引人入胜的是素可泰时代和阿犹地亚时代的各种精致瑰丽的国王御用武器。皇室专用的御用船亦有模型在馆内陈列，且是主要展品之一。馆内设有国家历史博物馆，详细讲述了泰国自古至今的历史。

国柱神庙
（Lak Mueang）

免费

🏠 Th Ratcha-damnoen Nai 路与 Th Lak Meuang L 路交界处 🚌 在大皇宫周围，步行可以抵达 🕐 6:00-18:30

　　曼谷国柱是曼谷立市的城市标志。拉玛一世将首都从吞武里迁至曼谷后，于1782年树立起一个木柱，成为曼谷这座城市的基石。这根柱子也是城市保护神的象征，还是曼谷的中心，是测量曼谷与其他城市距离的原点。目前现存的国柱是拉玛四世修建的，高2.37米，直径0.76米。

泰国好好玩 ●曼谷 ●大城 ●芭堤雅 ●阁昌岛 ●华欣 ●华富里 ●佛统 ●北碧 ●清迈 ●清莱 ●素可泰 ●阁沙梅岛 ●普吉岛 ●甲米 ●合艾 ●董里

49

超惠游 泰国

考山路
（Khao San Road）

免费

🏠 Talat Yot, Phra Nakhon

对于全世界的背包客而言，大名鼎鼎的考山路恐怕无人不知。这个位于曼谷老城区、大皇宫东北角的一条长度不超过 1 000 米的小街市，连接了全世界的背包客们，这里是背包客的天堂，是青年旅行者最爱的聚集地。Khao San 在泰语里是"谷米"的意思，从前是条储存谷米的旧街道。1982 年，泰国政府为了庆祝曼谷建都 200 周年及佛历 2525 年，举行了许多庆典活动。世界各地的观光客蜂拥而来，住宿供不应求。有些背包客就到距离皇宫仅 20 分钟步行路程的考山路寻找住宿，结果当地居民决定廉价接纳这些旅人。随着经营理念的发展，这条宽不过 10 米、长也只有不到 1 000 米的小路渐渐发展成为众所周知的旅游胜地。这里有数不清的跳蚤市场、24 小时便利店、网吧、酒吧、饭店、咖啡店、小旅馆、泰拳馆、旅行社等，它甚至拥有一本属于自己的杂志——《考山客》（Kaosanker）。

考山路不论白天还是黑夜都是妖娆华丽的，弥漫着繁华的热带气息，是热带国家特有的行乐之所。酒吧里人们举起永远满杯的啤酒，为各种理由碰杯，从日落一直喝到清晨；泰拳训练中心里不乏狂野的音乐和神秘庄重的仪式；街边有专门帮你编出浓密而油光发亮发辫的小店，让你不出半个小时就能改头换面变成波西米亚般的达摩流浪者；道路两旁则是售卖便宜衣服、手工艺品和纪念品的小摊位。

河边护身符市场 免费
(Amulet Market)

🏠 Th Maharat 路，Tha Chang 码头附近
🕐 8:00-19:00

在大皇宫西北处的湄南河 Tha Chang 码头周围的人行道上，有一条售卖佛牌、护身符、古董、二手书的小市场，在渡河前的等待时间里逛逛这里也许会有意外收获。当然作为一个外国人，你在这里逛街，小商贩开出的价格是让你惊讶的，所以别忘了讨价还价。沿着这个人行道市场往北走，就是一个小型的集市，这里有新鲜的水果和各色小吃，在人行道边还有一个白色木头小屋的咖啡馆，在大皇宫逛累了到这里吃饭是不错的选择。

吞武里
（Thonburi）

免费

🏠 湄南河西岸

　　吞武里曾经是泰国吞武里王朝的首都，由一位名叫达信的年轻将军所建立。达信定都吞武里，史称吞武里王朝。达信是中泰混血儿，中国历史上称之为郑信，他在东南沿海一带组织了一支抵抗缅甸的军队，收复了大城，随后消灭各地割据势力并收复了清迈等地。1782年，达信被义子却克里所弑，也有说法是达信在政变中被杀，却克里援救不及。却克里即位后，改称拉玛一世，迁都曼谷，史称曼谷王朝，吞武里王朝亦因此结束其短短13年的统治。吞武里就在湄南河的西岸，比起曼谷的喧嚣，这里多了几分宁静，逛完大皇宫后，傍晚来这里非常幽静。

郑王庙
(Wat Arun) 免费

坐船由湄南河东岸码头顺江而下，在右前方有一座高耸的高棉风格尖塔屹立江边，这就是曼谷著名的郑王庙中的帕邦塔（Phra Prang）。郑王庙又称作晓庙、黎明寺，是湄南河西岸的一所佛教寺庙。郑王庙的全名为 Wat Arunratchawararam Ratchaworamahavihara，是纪念郑信的寺庙。这里也曾是玉佛来到曼谷之后的安放之处。郑信曾于1768年领导泰国各族人民奋驱外敌，重整江山，并创建了吞武里王朝。寺庙始建于泰国的大城王朝，在郑信迁都到此地创建吞武里王朝之后，吞武里区也日益兴盛。寺庙于1809年竣工，1847年又被重修。它是大城时期孟库国王时代留下的最伟大的创举和最璀璨的文化遗产，这使得郑王庙成为现今湄南河畔最古老的建筑和参观量最高的寺庙。郑王庙的主塔高达82米，这座主塔是泰国著名的建筑，在10泰铢硬币背面就是这座塔的图像。

除了各式佛教建筑之外，在郑王庙内还有很多中国元素，这都和郑信拥有中国血统有关。寺庙内有来自中国的石像，佛塔下部的装饰中有来自中国的彩色瓷砖和玻璃珠。

省钱小助手

前往郑王庙参观，最方便的方式就是在游览完大皇宫、卧佛寺后从湄南河边的 Tha Tien 码头坐渡船到河对岸的 Tha Thai Wang 码头，船票非常便宜，单程3泰铢。

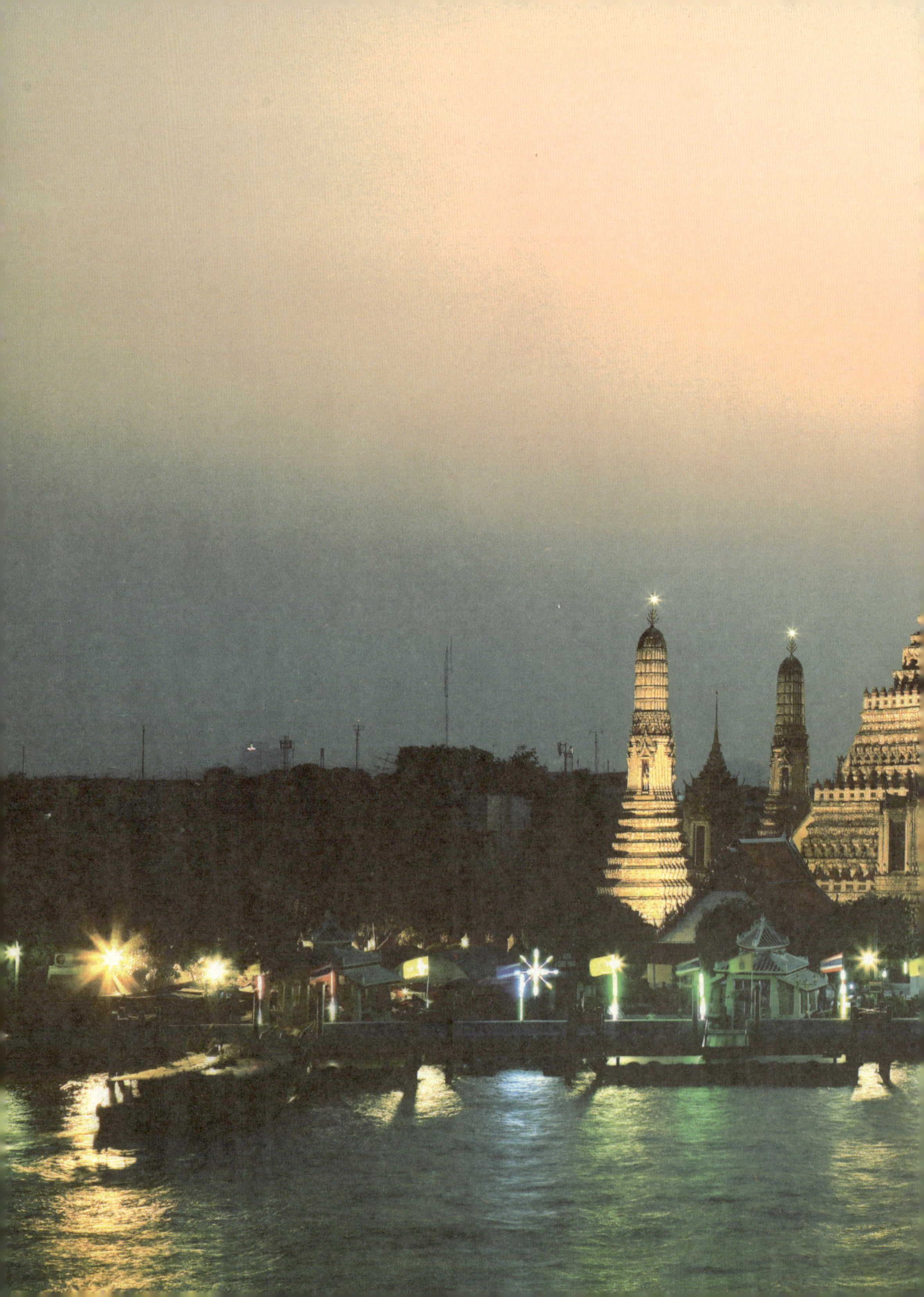

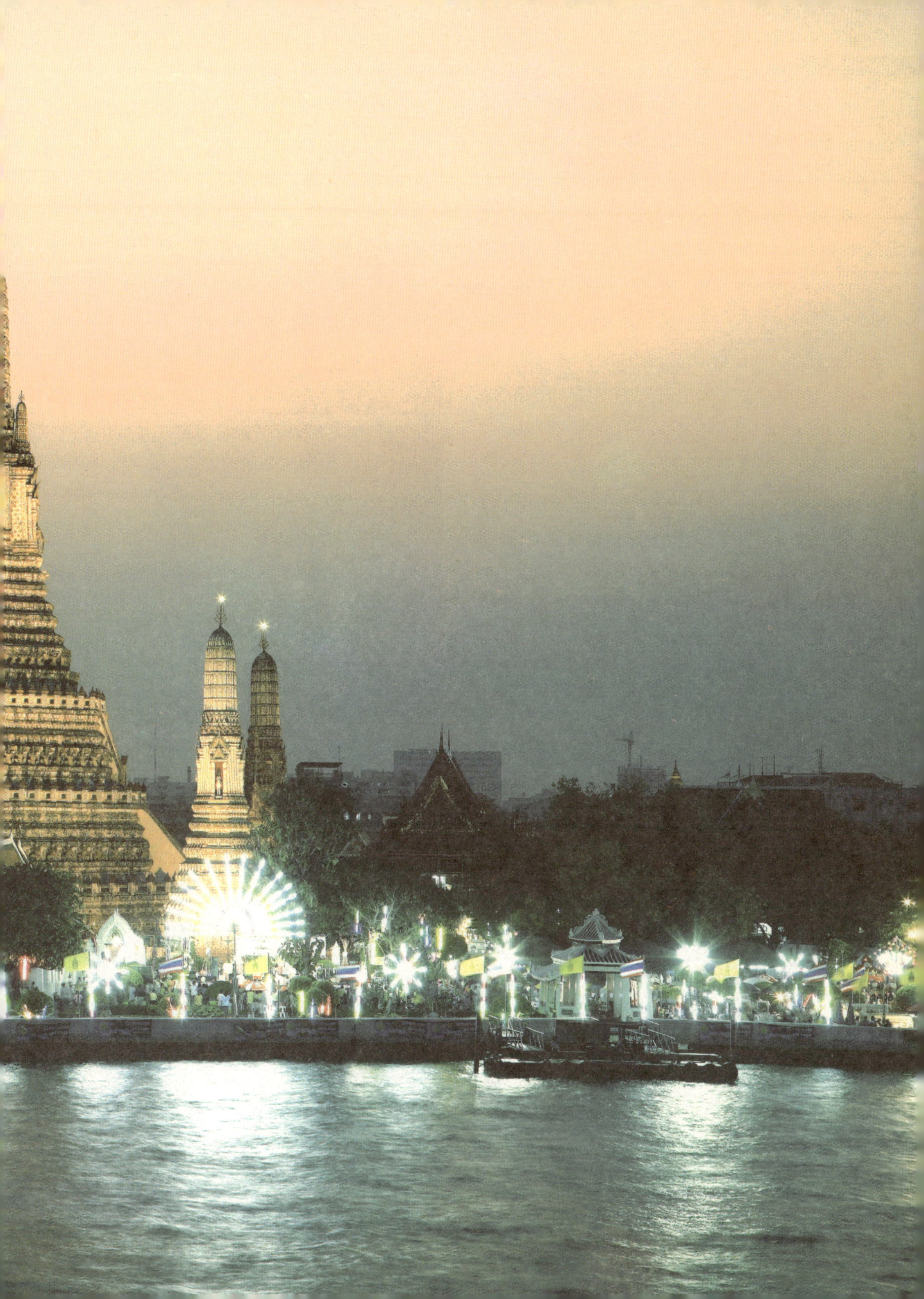

中国城
（China Town）

免费

🏠 位于曼谷中心西南部　🚇 地铁华南蓬站（Hualompong）下车

中国城在泰国首都曼谷市区西部，是城区最繁华的商业区之一，其规模及繁华程度在东南亚各地的唐人街中堪称魁首。这座富有华夏风采的名副其实的"中国城"，长约2千米，矗立在泰京城西，由三聘路（Sampeng）、耀华力路（Yaowarat）、石龙军路（Charoen Krung）3条大街以及许多街巷连接而成。它是老曼谷的街区之一，已有近200年历史。泰国的华人曾经居住在现在曼谷大皇宫一带，拉玛一世将首都由吞武里迁至曼谷之后，华人就南移至此。

这里保持着中国传统的生活方式，弥漫着浓郁的中国气息，每年农历春节都有热闹的舞狮和舞龙表演。这里的餐馆以潮汕风味为主，还有各式广式小吃，如猪脚、卤蛋、鱼丸和炒粉等。

湄南河
(Chao Phraya River)

免费

　　泰语称为昭披耶河，汉语俗称湄南河，它被誉为泰国的母亲河，也是泰国最主要的河流。它发源于泰北山区，从滨河、难河及永河交汇处的那空沙旺附近开始，向南流40千米左右，到猜纳附近分为两支，西支叫他真河，东支即昭披耶河，穿过曼谷直到暹罗湾。无论在水量还是长度上，湄南河都是泰国最大的河流。

　　湄南河是东南亚最大的河流之一，全长1 352千米（从滨河河源起算至出海口），在北曼谷地区宽度能达到700～800米（雨季时），流域面积为150 000平方千米，约占泰国国土面积的1/3。

　　湄南河流域是泰国耕地集中的地区。河的水量随季节而急剧变化，旱、雨季的流量相差10多倍。旱季时流量仅150立方米/秒，雨季则达2 000立方米/秒，每到雨季河流泛滥，就会带来一层肥沃的泥沙，稻田灌溉基本上依靠天然泛滥。湄南河下游平原面积广阔，约5万平方千米。这里河汊交错，气候炎热，雨量充沛，河流定期泛滥，土地肥沃，多数地区适合种植稻米，被誉为"泰国粮仓"。是经过泰国人民的辛勤劳动，这里的稻米产量达到世界之冠。湄南河已发展成为泰国人口最集中、经济最发达的地区。

TIPS

可以乘坐观光船游览，票价约150泰铢。

泰国好好玩 ● 曼谷 ● 大城 ● 芭堤雅 ● 阁昌岛 ● 华欣 ● 华富里 ● 佛统 ● 北碧 ● 清迈 ● 清莱 ● 素可泰 ● 阁沙梅岛 ● 普吉岛 ● 合艾 ● 甲米 ● 董里

57

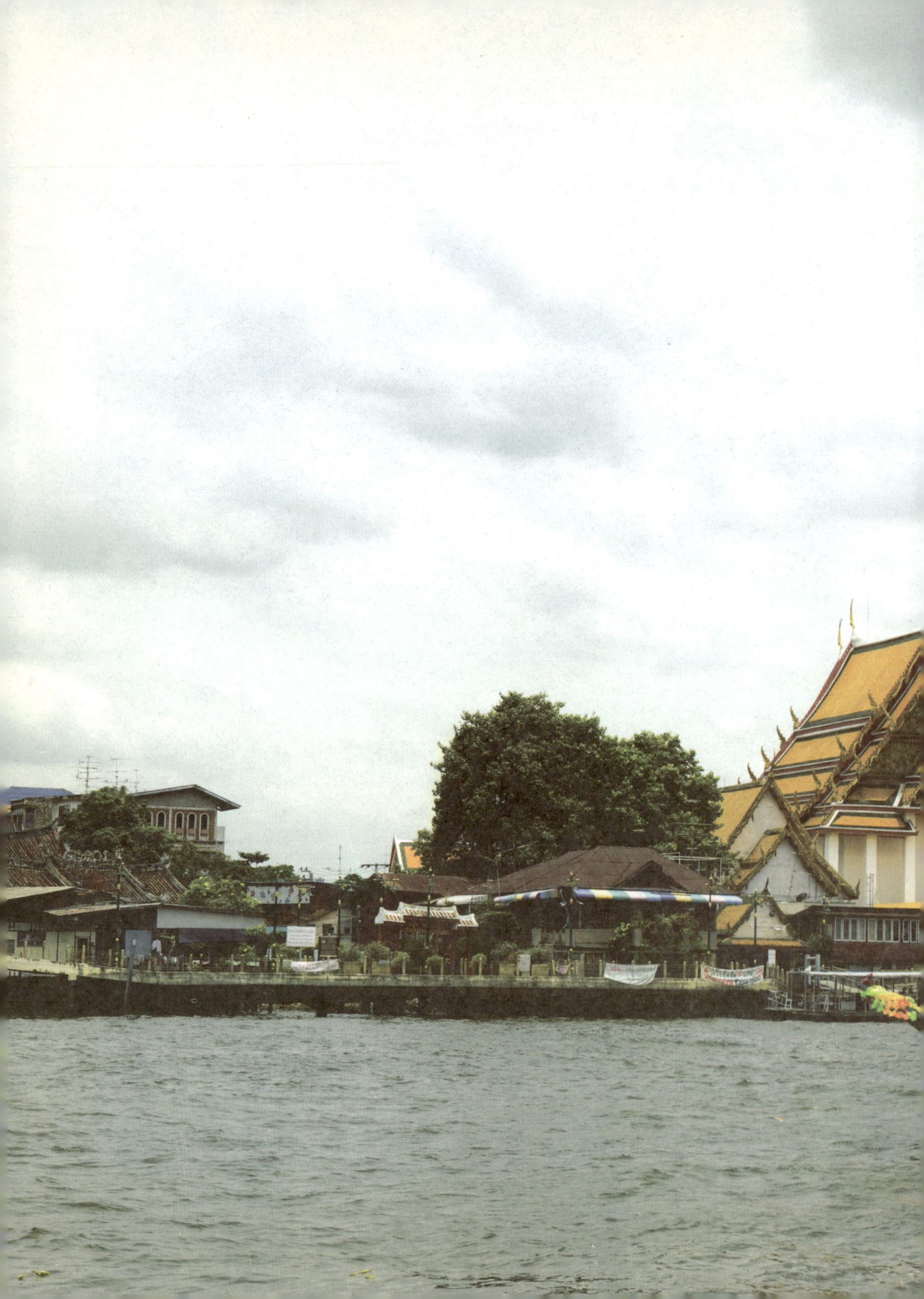

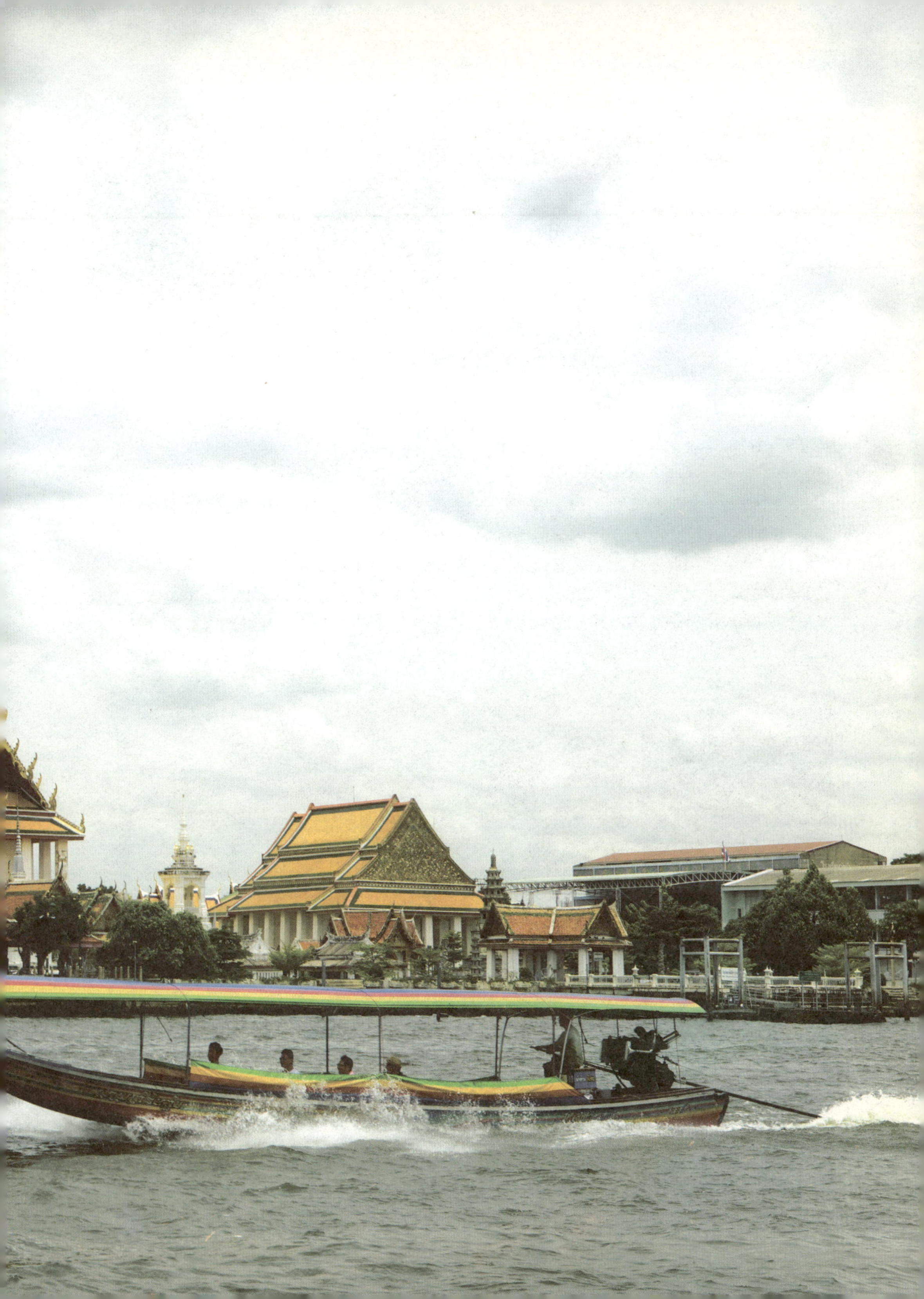

四面佛
（Erawan Shrine）

免费

🏠 拉差当梅路（Ratchadamri）和菲隆奇路（Phloen Chit）交界处 🚇 地铁奇隆站（Chit Lom）下车

　　四面佛就是印度教中的创造神梵天，佛教称为大梵天王，它拥有4张面孔。在泰国，它被认为是佛教的护法神，法力无边，也是掌管人间荣华富贵和发扬和谐佛法之神。其四面分别朝向东、南、西、北，供信众祈福。由于外形近似佛教的佛像，因此在中文里多称其为四面佛。在曼谷市中心的拉差当梅路（Ratchadamri）和菲隆奇路（Phloen Chit）交界处、邻近君悦酒店的地方有一尊四面佛，据说非常灵验，因此香火十分旺盛，每天来此祭拜的信徒络绎不绝。在这里还有身着泰国传统服饰的诵经班，支付香火费用后，他们会随着祭拜的你诵经祈福。

　　曼谷四面佛神坛建于1956年。据说当年，在爱侣湾（Erawan）酒店（君悦酒店前身）兴建之时，发生了一连串不幸的意外事故，多位在当地工作的工人都离奇地丧生。因此业主请了銮素威参佩少将来此察看，并依其建议在建筑工地附近建造这座四面佛坛供奉四面佛，保佑大众诸事顺遂。之后，不幸的事故就再没有发生。自那时起，酒店几易其主，但四面佛神坛却一直保留至今日。信众相信四面佛极为灵验，如祈求后愿望达成，信众多会回来还愿，因此神坛周围从来不缺所需的供品，有人甚至雇人或自己到此表演歌舞音乐。到曼谷旅行如不拜四面佛，就像入庙不拜神一样，是一件令人难以想象的事情。

诗丽吉王后公园
(Queen Sirikit Park)

免费

🏠 在 Th Sukhumvit Soi 22 与 Soi 24 之间

🚇 靠近轻轨帕蓬站（Phrom Phong）

　　这是为了纪念诗丽吉王后 60 岁寿辰、于 1992 年 8 月 5 日 5 时 55 分开始营业的公园。这个时间是经过精密的占卜而得出的黄道吉日吉时。公园面对高楼林立的素坤逸大街，每天早晚在这里慢跑、锻炼的人很多，白天来这里散步的人也是络绎不绝。

泰国好好玩

曼谷・大城・芭堤雅・阁昌岛・华欣・华富里・佛统・北碧・清迈・清莱・素可泰・阁沙梅岛・普吉岛・甲米・合艾・董里

61

曼谷乍都乍周末市场
（Chatuchak Weekend Market） 免费

 Thanon Kamphaeng Phet, Chatuchak

作为泰国特色之一的周末市场遍布整个泰国，在曼谷就有最著名的、也是世界最大的跳蚤市场——曼谷乍都乍周末市场。据说这个市场里有9 000多个摊位，每到周末这里都是曼谷最热闹的地方，人声鼎沸，游客如织。

丹嫩沙多水上市场
（Damonen Saduak Floating Market） **免费**

🏠 **Damnoen Saduak District, Ratchaburi**

传统的泰国水上市场对游客来说是极有吸引力的。曼谷的那些水上市场只是为满足旅游市场而复制的，而丹嫩沙多水上市场却是原汁原味的。

这个小镇在佛统府和沙没颂堪府之间，位于曼谷东南约109千米处，在镇里的不同街区有好几个水上市场。

体验水上市场的最佳方式是住在丹嫩沙多附近的旅馆，也可以包出租车一大早从曼谷市区赶来。市场在早晨旅游团还没来时最为活跃，摊位就是小贩的舢板，船沿着水道穿梭，出售新鲜美味的农产品，多数是水果蔬菜。撑船的多为妇女，她们头戴灯罩形帽子，身穿农妇们常穿的蓝色衬衫。游客能够看到长长的满载果蔬与鲜花的船队从水道对面的桥下驶来，或从右边的农产品大棚过来。

TIPS

前往水上市场最方便的方式是跟随旅行社代理的一日游团，人均800泰铢。早上出发，晚上返回。或者在胜利纪念碑附近乘坐迷你巴士到达水上市场，票价80泰铢。

泰国好好玩 · 曼谷 · 大城 · 芭堤雅 · 阁昌岛 · 华欣 · 华富里 · 佛统 · 北碧 · 清迈 · 清莱 · 素可泰 · 阁沙梅岛 · 普吉岛 · 合艾 · 甲米 · 董里

63

安帕瓦水上市场
（Amphawa Floating Market） **免费**

🏠 Amphawa District , Samut Songkram, Amphawa 75110 🚌 南部汽车站有到安帕瓦水上市场的大巴，或者坐轻轨BTS到胜利纪念碑站，在(N3)4号出口出站，出站后就能在立交桥下看到前往安帕瓦的小型巴士(Mini-van)的售票点，单程价格80泰铢，两小时一班

　　这是一个非常有特色的水上市场，位于曼谷以西约70千米处的沙没颂堪府（Samut Songkhram），在到达丹嫩沙多水上市场之前就可以经过。市场全长约为1千米，古老的东方威尼斯，散发着浓浓的暹罗风情。河岸两边林立着古老木造建筑、朴实的民宿以及中国风格的商店、小吃店，河上一艘艘载着杂货或是卖着美味的泰式炒河粉、泰式粿条、烤虾、炸鱼饼、烤鱼等食物及蔬菜、水果的摩托长尾船，与游客的船擦身而过，这是泰国独有的风情。这里有名的还有萤火虫，很多游客在此过夜就是想看看河流之上由萤火虫组成的银河。

美功铁道市场
（Maeklong Railway Market）　**免费**

🚇 搭轻轨（BTS）至曼谷胜利纪念碑站（Station Victory Monument），再转搭迷你小巴（Mini Van）至美功铁道市场（Maeklong Railway Market）🕐 美功铁道市场火车时刻——进站：8:30、11:10、14:30、17:40，出站：6:20、9:00、11:30、15:30（火车有时候会改时间或延误，仅供参考）

　　网上曾经有一段非常流行的视频，内容是：一条狭窄的铁路，两边都是卖菜、卖水果的棚子，火车一来大家立马把棚子收起来，火车过去继续放下来做生意。这个既有意思而又令人震惊的场景就发生在泰国的美功铁道市场。美功铁道市场堪称是世界上最危险的集市，它就位于铁轨两侧，火车每天要从这里穿过8次。这里距离安帕瓦水上市场大约10分钟车程，一般都是一天内游览这两个地方。

省钱小助手

周末的美功铁道市场人非常多，不但有外国游客，很多本地人也会到那里度过周末。当地虽然有很多民宿，但也非常紧张。附近有较为便宜的民宿可以住，价格大约为2 500泰铢。

泰国好好玩　曼谷・大城・芭堤雅・阁昌岛・华欣・华富里・佛统・北碧・清迈・清莱・素可泰・阁沙梅岛・普吉岛・甲米・合艾・董里

大城

大城位于湄南河东岸，曼谷以北约 100 千米处，总人口约 9 万，现为泰国内地的商业中心。1350—1767 年，大城曾为泰国首都，其繁荣程度在整个东南亚首屈一指。在 17 世纪，也就是大城的全盛时期，远东地区甚至世界各地的船只都相继驶入湄南河进行贸易往来，当时大城的人口超过 100 万，可谓盛况空前。在此期间，佛教也在大城发展到了巅峰，佛教文化的精髓深植于泰国文化之中，当地的寺庙、皇宫及佛像的镂刻均庄严典雅，无不表现出佛教在大城历史上曾经的辉煌。因此，大城鼎盛阶段的艺术品，是当之无愧的经典名作，当时的繁荣景象，也被许多文献记载下来，那时的大城被誉为"人间的天堂"。也正是在这一黄金时期，西方文明开始进入泰国，大城作为当时主要的贸易中心，吸引了不少国家的人前来定居。

大城历代的 33 位统治者吸取了高棉君权神授的观念，结合婆罗门教的仪式，兴建了许多美丽壮观的宫殿和雄伟万千的佛寺。如今观光客可以见到的大部分遗迹，就是在建城前 150 年兴建的。大城更于 1991 年 12 月 13 日被联合国教科文组织（UNESCO）列入《世界遗产名录》。大城的历史名胜众多，瓦崖差蒙空寺、帕楠称寺、帕兰寺、帕席桑碧寺、拉嘉布拉那寺等寺庙都极具代表性。另外，收集稀世珍品的国家博物馆、拉玛五世皇宫所在的挽巴茵等，也是值得参观的重要景点。

瓦崖差蒙空寺
（Wat Yai Chaiyamongkho）

🏠 Khlong Suan Phlu, Phra Nakhon Si Ayutthaya 🕗 8:30-16:30 💰 20 泰铢

　　瓦崖差蒙空寺被泰国人奉为最卓绝的建筑，是为纪念纳丽孙王驾乘战象击退缅甸军入侵的那场战役而修建的。八角钟形佛塔是这个景区里最独特的建筑，更是游客们不可错过的风景。

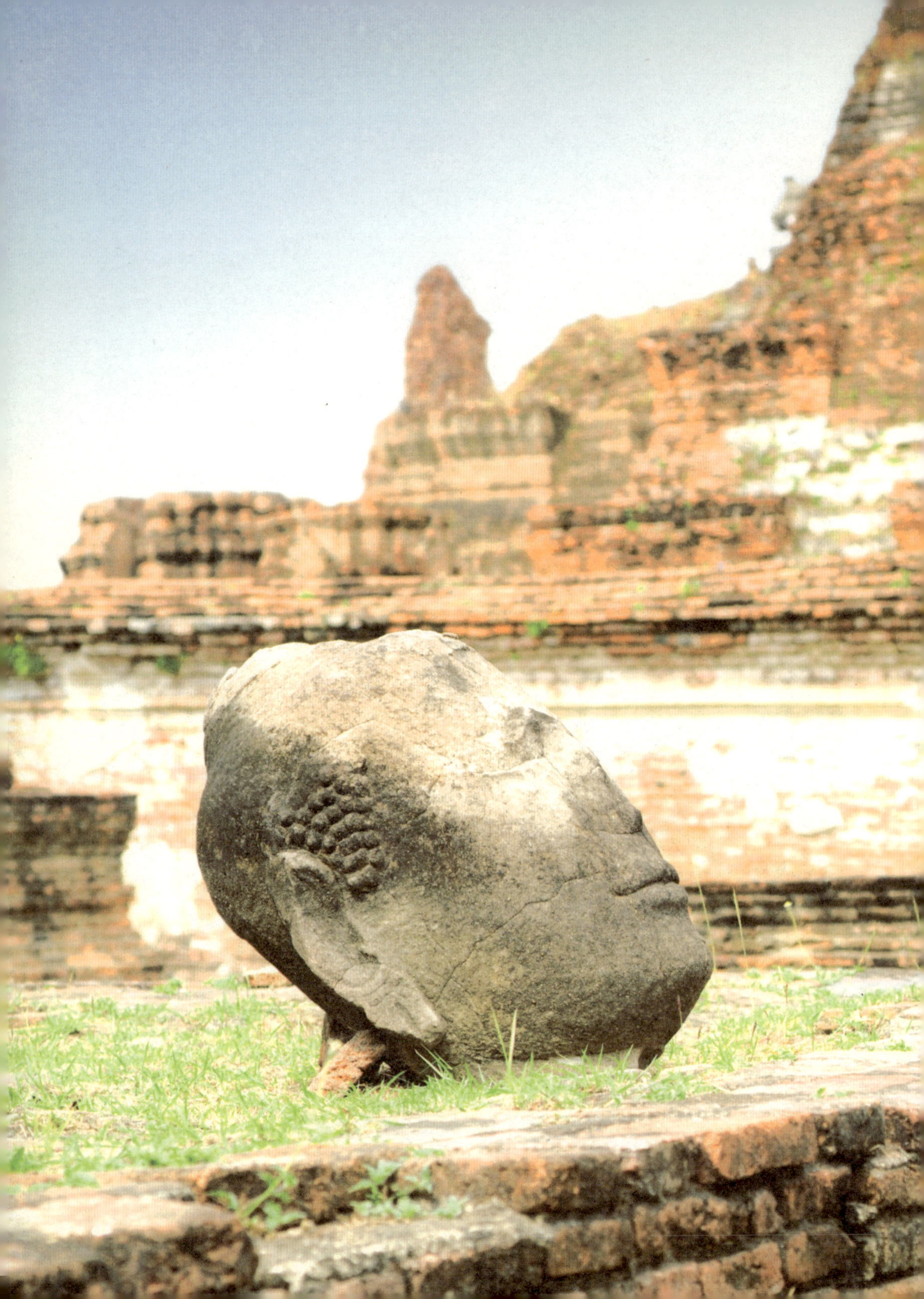

帕楠称寺
（Wat Phanan Choeng）

🏠 大城王朝遗址所在小岛以南、湄南河与 Pasak 河交界处　¥ 20 泰铢　🕐 7:00-18:00

　　帕楠称寺建立的时间比大城早 26 年。当年此地惨遭战祸，但这座寺庙却奇迹般地被保留下来。帕楠称寺颇受当地中国商人的青睐，每逢要坐船出远门的时候，都要来此拜祭，因此一年四季香火鼎盛，善男信女络绎不绝。

大城府历史研究中心
Ayutthaya Historical Center

免费

🏠 距纳丽孙桥约 1.7 千米　🕐 周一至周五 9:00-16:30，周六、周日 9:00-17:00

　　在历史研究中心里，游客们可以通过多媒体报告充分了解大城府的历史、社会情况以及文化艺术的发展过程，进而感受其庄严与伟大。研究中心有影音以及古董赝品展示，其中最引人入胜的当属大皇宫和帕席桑碧寺的展览。

赵衫帕雅国家博物馆
（Chao Sam Phraya National Museum）

🏠 **位于罗卡那路（Rochana Road）上，大城皇家大学的对面** 💰 **150 泰铢** 🕐 **9:00-16:00**

　　大城府的很多文物都是出土于拉嘉布拉那寺（Wat Ratchaburana）和玛哈泰寺（Wat Mahathat），例如皇室器皿、金器等。这些无价之宝都陈列在由公众捐款建立的博物馆里。除此之外，一些颇具代表性的文物，如出土于塔米卡拉寺（Wat Thammikkarat）的最古老的佛像头、帕席桑碧寺（Wat Phra Si Sanphet）的木雕面板，都是值得驻足欣赏的佳作。

帕席桑碧寺 – 维邯帕蒙空博碧大皇宫
(Wat Phra Si Sanphet-The Grand Palace-Wihan Phra Mongkhon Bophit)

🏠 距纳丽孙桥 1.5 千米　💰 50 泰铢　🕐 7:00-18:00

　　每位游客到此，都会与一字排开的美妙绝伦的佛塔（Chedi）合影留念。在大城王朝的鼎盛时期，大皇宫和帕席桑碧的皇家寺庙被称为亚洲最巧夺天工的宫殿式建筑。坐落于景点最前方的帕蒙空博碧庙中的青铜佛像，是泰国最大的青铜佛像之一。

泰国好好玩　曼谷・大城・芭堤雅・阁昌岛・华欣・华富里・佛统・北碧・清迈・清莱・素可泰・阁沙梅岛・普吉岛・甲米・合艾・董里

71

玛哈泰寺
（Wat Mahathat）

距纳丽孙桥2千米　20泰铢　8:30-16:30

　　玛哈泰寺是自然与艺术的完美结合。在神殿前，一尊佛像头覆盖了一棵巨大而古老的无花果树的树干底部，这一奇观使这里成为当时众多皇家仪式的举行场所。宋谭王（King Songtham）时期，主佛塔发生坍塌，只剩下巨大的基底。围绕在基底四周的宝塔真实生动地反映了当时建筑的演化趋势。

拉嘉布拉那寺
（Wat Ratchaburana）

🏠 在玛哈泰寺旁边　💰 50 泰铢　🕗 8:30-16:30

　　赵衫帕雅国家博物馆（Chao Sam Phraya National Museum）陈列的一系列金质装饰品都是在拉嘉布拉那寺的佛塔内发现，并与佛祖遗物同时出土的。陡峭的阶梯通向佛塔的主塔内部，主塔的墙壁上装饰着美妙绝伦的古代壁画，其上方就是目前在大城府发现的最大的拱顶。

泰国好好玩　曼谷・大城・芭堤雅・阁昌岛・华欣・华富里・佛统・北碧・清迈・清莱・素可泰・阁沙梅岛・普吉岛・甲米・合艾・董里

差瓦塔纳兰寺
(Wat Chaiwatthanaram)

距纳丽孙桥约3千米　20泰铢　9:00-18:00

　　这个位于湄南河河畔的寺庙有着保留完好的最为优美的建筑，中心佛塔被四周的卫星佛塔所围绕，如同安科寺（Angkor Wat）的布局，是柬埔寨文化的极佳反映。这个举世闻名的庙宇尤以傍晚时分夕阳辉映佛塔的景象著称。

挽巴茵夏宫
Bang Pa-In Summer Palace

🏠 位于古都大城以南25千米，曼谷以北58千米

🚌 从大城前往挽巴茵夏宫，可以在大城Chao Prom路上的Chao Prom市场乘小巴，约15分钟车程，票价30泰铢 ¥ 100泰铢 🕐 上午8:30-12:00，下午13:00-15:00

作为泰国曾经的都城，大城悠久的历史使这个城市保留下了无数令人遐想的空间，也使这里成为泰国文化之旅的必去之地。如果说白天观看大城的遗址已经令你惊叹不已，那你更该去欣赏一下这座城市晚上的模样。大城的夜晚呈现出一种超凡脱俗的光芒，历史和现实在这里重叠，让人感觉仿佛置身于时空的间隙中。

大城里目之所及的地方几乎都是古迹，其中最著名的就是位于大城南方约20千米处的挽巴茵夏宫。这座宫殿建立于湄南河中的一个小岛上，曾经是泰国皇室著名的避暑夏宫。17世纪时，大城的历代君主都会在夏日炎炎时前来避暑。到了19世纪和20世纪，由拉玛五世及六世继续修建，才呈现出今日美丽的风貌。湖畔美丽的宫殿大多属于意大利和维多利亚混合式风格，宫殿由拉玛五世所建，但都不对外开放。宫殿内的湖心小岛上，有一座艾沙旺提帕雅阿斯娜亭阁，至今仍被公认为是泰式建筑的最佳代表。目前宫殿里唯一对外开放的王室住所是采用中国式建筑风格的天明殿（Viharm Chamroon Palace）。

省钱小助手

拉嘉布拉那寺（Wat Ratchaburana）、差瓦塔纳兰寺（Wat Chaiwatthanaram）、玛哈泰寺（Wat Mahathat）在19:00-21:00都会点亮灯火，灯火展示免费，到这些寺庙附近看看仍是一次不错的体验。

泰国好好玩 · 曼谷 · 大城 · 芭堤雅 · 阁昌岛 · 华欣 · 华富里 · 佛统 · 北碧 · 清迈 · 清莱 · 素可泰 · 阁沙梅岛 · 普吉岛 · 合艾 · 甲米 · 董里

超惠游 泰国

芭堤雅

芭堤雅，是旅行者到泰国必去的地方之一。这里有东南亚典型的沙滩、海水，被誉为"东方的夏威夷"。芭堤雅是一个小渔村，1961年，泰国政府发现这里月牙似的海滨有得天独厚的旅游条件，便拨出专款建设，并鼓励国内外投资开发。芭堤雅由此被划为特区，得以迅速发展壮大，一举成名。如今，芭堤雅已发展成为一个近10万人的旅游不夜城，每到夜晚，这里灯火通明，大商店、大酒店、歌舞厅、夜总会的霓虹灯闪耀夺目，街道两旁亭式小酒吧鳞次栉比，流行音乐响彻大街小巷，马路上行人摩肩接踵，车水马龙。

蝙蝠寺
（Wat Khao Phra Bat）

免费

🚌 从市区坐嘟嘟车大约 10 分钟路程

蝙蝠寺是一座供奉有黄金大佛的寺院，位于芭堤雅海滩的南面，在前往皇家悬崖海滩酒店途中的一座小山上。从这里看到的芭堤雅湾的景色是最美的。

帕雅寺
（Wat Phra Yai）

免费

🚌 与大佛海滩相连，可从大佛海滩驱车（5 分钟）或步行（15 分钟）前往

帕雅寺是一座建于蝙蝠寺南侧小山上的寺院。顺着进寺道路爬上山顶，就能看到黄金大佛矗立在那儿。大佛四周也供奉了好几尊形态各异的佛像，有躺卧的，有站立的。每个佛像代表一周中的一天，佛像上挂着自己所代表的日子。泰国人一般都先选择代表自己出生那天的佛像参拜。

泰国好好玩 · 曼谷 · 大城 · 芭堤雅 · 阁昌岛 · 华欣 · 华富里 · 佛统 · 北碧 · 清迈 · 清莱 · 素可泰 · 阁沙梅岛 · 普吉岛 · 合艾 · 甲米 · 董里

芭堤雅公园塔
（Pattaya Park Tower）

¥ 200 泰铢（送饮料） ⏰ 午餐 11:30-15:00，晚餐 17:30-22:00

仲天海滩旁的芭堤雅公园海滩酒店外，耸立着泰国最高的景观塔。从位于 55 层、离地高度为 170 米的观光台上远眺，芭堤雅海滩和仲天海滩的美景尽收眼底。52 层和 53 层为旋转餐厅，游客可以在品尝午餐和晚餐的同时欣赏芭堤雅的美景。对于不想乘坐普通电梯下塔的旅行者来说，塔上还提供了 3 种方式方便游客从观光台顶部下去：第一种方式为"空中穿梭（Sky Shuttle）"，6～8 名游客乘坐一种像汽油桶一样的大型吊舱顺着铁索滑下去；第二种方式为"极速穿梭（Speed Shuttle）"，使用一种仅容两名游客的筐状吊篮作为游客下塔的工具；第三种方式为"蹦极跳（Tower Jump）"，游客身上缚上带有保险绳的专用工具，然后从塔顶直接跃下。这 3 种方式的出发地点都是在离地面 170 米的高空，勇敢的游客可以体验一下。

省钱小助手
如果在此进餐可不用购票，午餐 500 泰铢/人，晚餐 550 泰铢/人。

侬律花园
（Nong Noock Tropical Garden）

💴 100 泰铢，如果观看演出 400 泰铢

　　侬律花园是位于芭堤雅市区南部 15 千米处的一座很大的公园，内有占地面积很大的水池和庭园。公园内经常举办泰国文化秀和大象秀，游客可以在这里观看泰国舞，与老虎、黑猩猩合影，还可以与大象亲密接触，让大象用鼻子把自己卷起来放到象背上玩。

省钱小助手
可以通过旅行社的一日游前往游玩，这样价格会便宜些。

是拉差龙虎园
(Sriracha Tiger Zoo)

🚌 距离芭堤雅市区车程 40 分钟，可以在旅行社参加一日游 💰 200 泰铢

是拉差龙虎园是一座以动物为主题的公园，位于芭堤雅郊外的是拉差。公园中饲养了老虎、鳄鱼等多种动物，游客在这里可以和这些凶猛的动物合影。

小暹罗
(Mini Siam)

小暹罗 🏠 Sukhumvit Hwy ☎ 0-38421638
大象村 🏠 Siam Country Club Road
☎ 0-38428645

从苏库威公路向南行驶至143千米路标处就可以到达小暹罗。这里收纳了100多座泰国著名寺庙和其他历史建筑的小模型，如玉佛寺、桂河大桥和碧迈（Phimai）的高棉寺庙，还有世界著名建筑的模型，如埃菲尔铁塔和自由女神像。

从小暹罗重回苏库威公路向南，经过芭堤雅北路（North Pattaya Road），在通往暹罗乡村俱乐部（Siam Country Club）的帕普拉路（Pornprapanimitr Road）左拐，便可到达芭堤雅大象村（Pattaya Elephant Village）。游客观看泰国大象表演之后，可以花两个小时在附近的丛林中游览，还可参加包含骑象、丛林游和水上漂流的套餐游。

泰国好好玩 · 曼谷 · 大城 · 芭堤雅 · 阁昌岛 · 华欣 · 华富里 · 佛统 · 北碧 · 清迈 · 清莱 · 素可泰 · 阁沙梅岛 · 普吉岛 · 甲米 · 合艾 · 董里

81

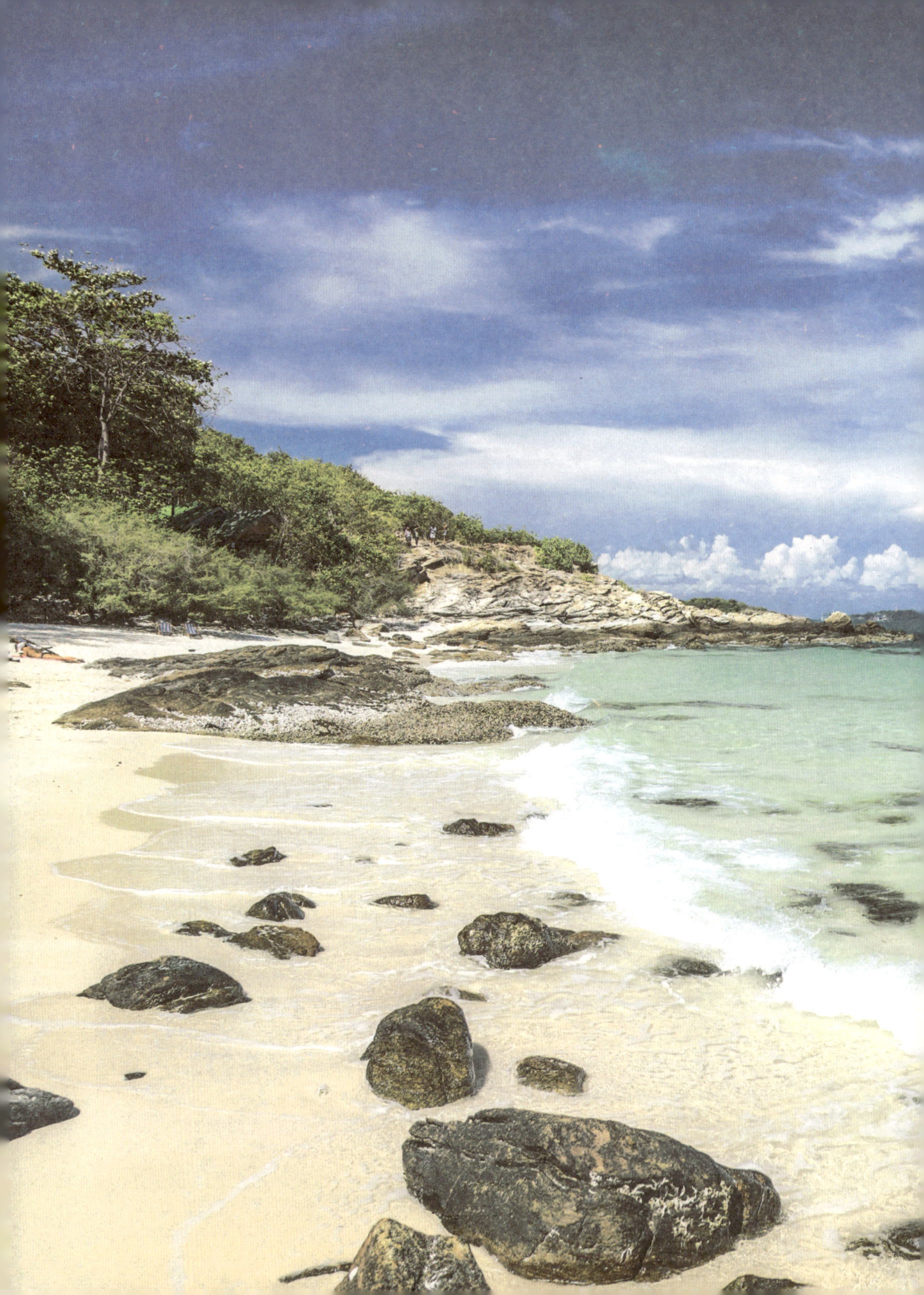

阁沙湄岛
（Ko Samet）

¥ 成人200泰铢，儿童100泰铢；游玩项目另算

阁沙湄岛是一座位于泰国湾的楔形小岛，以细细的白沙和平静的游泳水域而闻名。在泰国无数个天堂般的海岛中，阁沙湄岛的优势在于离曼谷较近，这里简朴的田园气息与不远处芭堤雅的灯红酒绿形成了鲜明的对比。

阁沙湄岛的名字来源于Samet（月桂树）。泰国最伟大的诗人顺通铺（Sunthorn Phu）（1786-1855）曾经在这里生活过，他以在岛上的生活经历为基础写出了最早的著名史诗《阿沛玛尼拍》（Phra Aphaimani）。

排滩 Phai Beach

排滩在塞空南面，被称为"海滨天堂"，其实就是一个典型的小水湾，有小平顶屋出租，提供基础服务，包括旅游办事处和邮局。

红宝石海滩和帕萨海滩 Tub Tim & Pudsa

最南端的这两个海滩更加幽静，是位于西海岸的近乎荒芜的海滩，步行就可到达，那里是观日出的最佳地点。

阁昌岛

阁昌岛又叫作象岛。不同于普吉岛、阁沙梅岛这些已经被开发得非常成熟的岛屿，可能是没有建机场的缘故，阁昌岛世外桃源般的原生态环境被意外地保护了起来。阁昌岛上的风景美得很原始，各种活动并非想象中的热闹，有时候甚至有些寂寥，但很适合放松。

阁昌岛位于泰国东部，位于与柬埔寨邻近的达叻府，距离曼谷300多千米。阁昌岛周围有52座小岛，目前其中的47座已经和象岛一起被划成了国家海洋公园，总面积650平方千米。岛上终年温差不大，主要受到东北和西南季风影响。每年5—10月是雨季，西南季风带来风暴和雨水，有些小岛的交通和淡水供应会被切断；每年11月至次年4月，岛上阳光灿烂，是这里的旅游黄金季节。

孔抛和卡贝沙滩
（Klong Prao & Kai Bae Beach） **免费**

在白沙滩南边一点的是岛上的第二大海滩——孔抛和卡贝沙滩。这是新开发的酒店区，服务设施也很齐全，就是数量少了一些，但酒店的价格相对便宜不少。

孤独沙滩
（Lonely Beach） **免费**

从孔抛和卡贝沙滩再继续南下，跨过岛上最险的急流，就到了孤独沙滩。这里是背包客的天堂，便宜的小酒店和可供住宿的小茅屋遍地都是。很多酒店没有空调，只有风扇，卫生间也是公用的。小商店和餐馆都位于公路的两旁，酒店则建在椰林当中。这里吸引背包客的不光是低廉的价格，更是原汁原味、未经改造的海岛风情。

阁昌岛最南边的 Bang Bao 是一个小渔村。商店、餐厅等开在路两侧的水上房屋中，中间长长的这条路是通往码头的必经之路，出海游以及到周围各岛的船都从这个码头出发。

白沙滩
（White Sand Beach） **免费**

这里属于岛上最先开发、设施最完善的地区。这里的酒店价格相对贵一些，晚上海滩边酒吧的演出活动也是岛上最丰富的，旅游服务设施也很齐全，7-11连锁便利店、商店、大大小小的餐厅、银行、药店、货币兑换处、旅行社等应有尽有。

省钱小助手
这里是背包客的天堂，便宜的小酒店和可供住宿的小茅屋遍地都是。

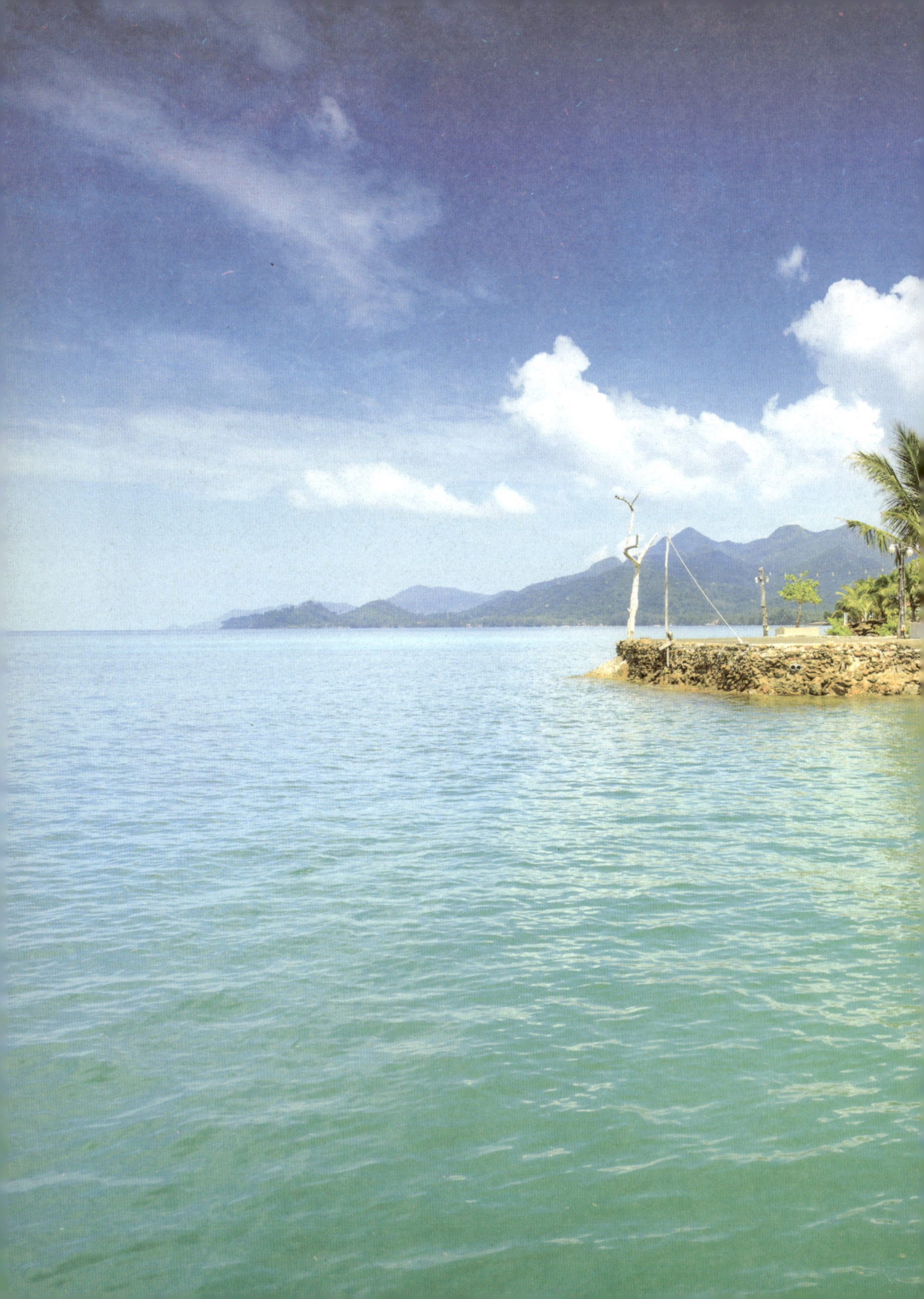

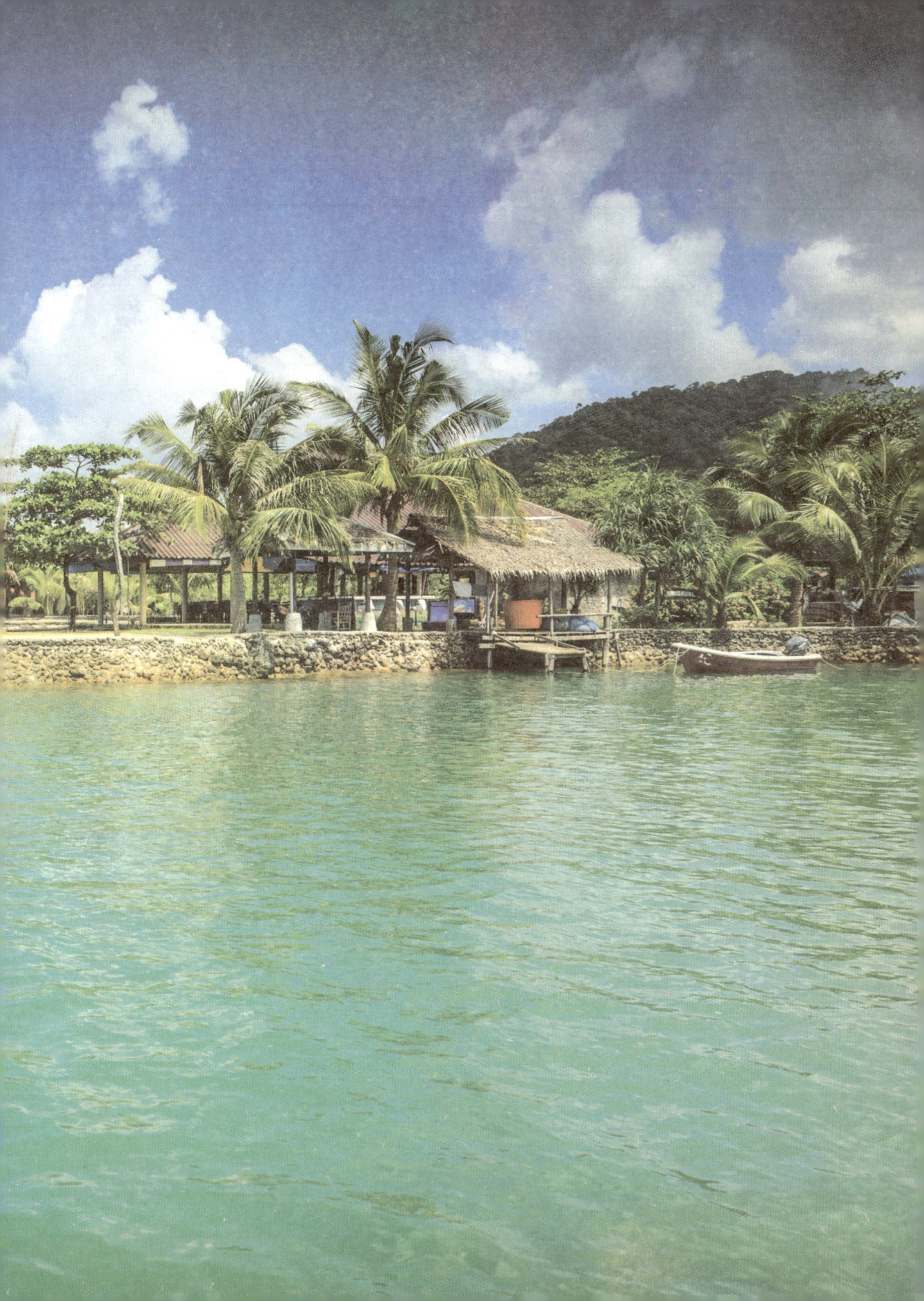

华欣

华欣在泰语中是石头的意思。这是泰国中部海滨小城，位于泰国 35 号公路 232 千米处，距离泰国首都曼谷约 195 千米，行车约需 3 小时，隶属泰国巴蜀府，与芭堤雅隔岸相望。华欣是泰国皇家的传统海滨度假胜地，皇室贵族们每年都会到华欣住一段时间。华欣远离城市的喧嚣和浮躁，充满了清新质朴的自然韵味。

华欣并不似曼谷、清迈那般让人耳熟能详，但华欣的原生态自然环境十分让人着迷，田园山野相连，点缀在其间的山村使一切显得那么的安静祥和。没有曼谷大都市的喧嚣，没有清迈的小资气息，但华欣处处呈现出的自然气息让人感动。身处其中，你有一种回归质朴的感觉，从而不忍离开。

爱与希望之宫
（Marukataiyawan Palace）

宫殿距离华欣只有几千米远，乘坐嘟嘟车即可到达，可以砍价，往返价格为 500～600 泰铢，司机会在门口的停车场等待，记得一定要返回后再付钱。门票分为两种：一种是进入宫殿大门的，另外一种是参观宫殿二楼的。16:00 以后参观宫殿二楼的门票就不出售了。10:00-16:40

拉玛六世于 1923 年建造了爱与希望之宫，希望他的爱妃能为他生个小王子，然而他最终未能如愿。这座以 1080 根柚木支撑而起的 16 栋木制高脚宫殿，由长廊连接从陆上延伸至海滨。

TIPS

与参观曼谷的大皇宫一样，参观宫殿不能穿着过于暴露的服装，穿膝盖以上的短裤和裙子都不能进入。门口提供租衣服务。

百年怀旧火车站
（Hua Hin Railway Station）

免费

Liab Tang Rodfai

拥有近百年历史的华欣火车站（Hua Hin Railway Station）有"泰国最美的火车站"之称，从 1911 年起一直使用到现在。虽然泰国的火车系统并不尽如人意，搭乘巴士或其他交通工具的人远比乘火车的多，但华欣火车站不应错过。

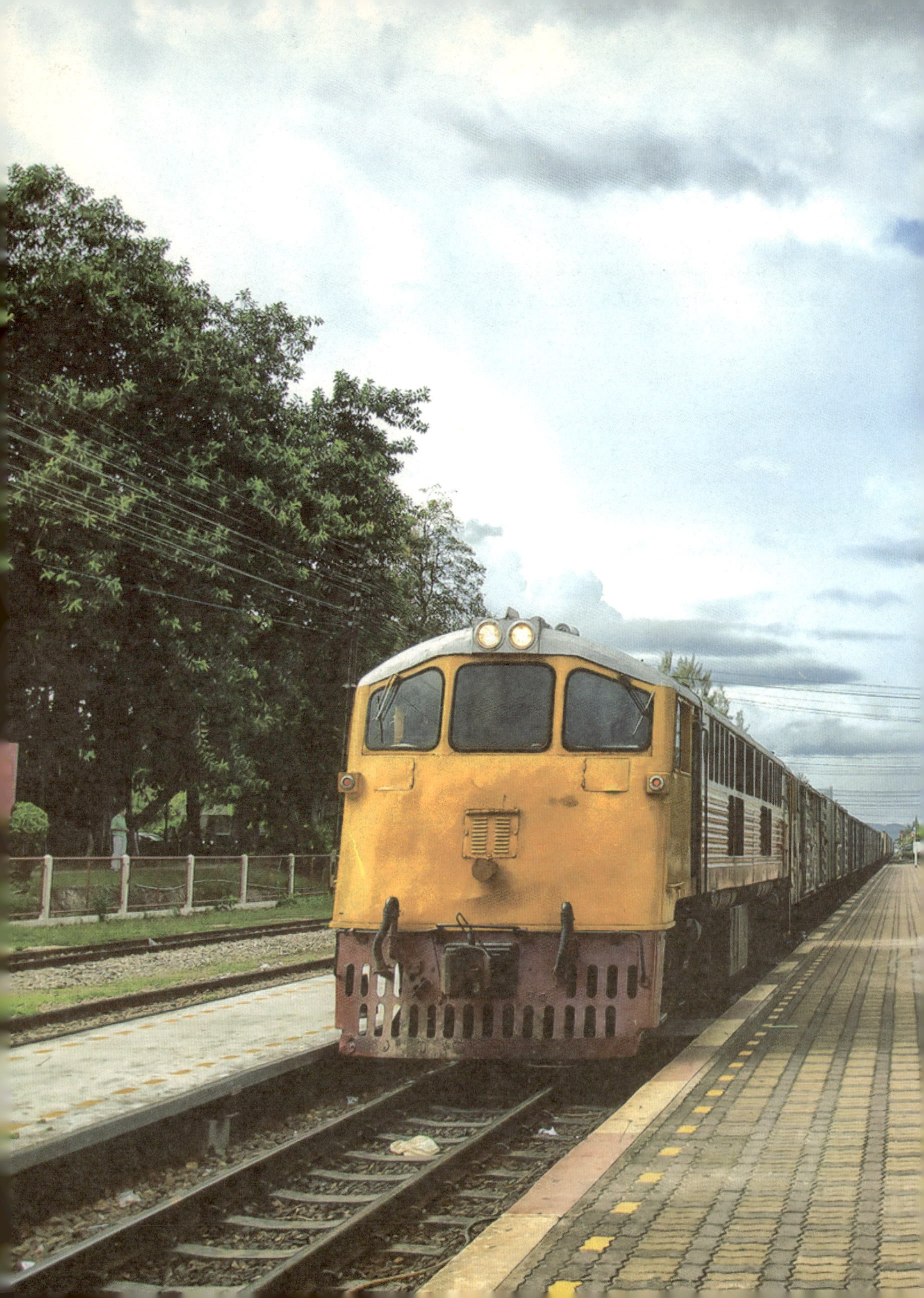

หัวหิน
HUA HIN

超惠游 泰国

华富里

华富里在曼谷北部约 153 千米处，是泰国最古老的城市之一。华富里被认为是泰国堕罗钵底帝国的首都。高棉人 11 世纪时占领了这个城市，但仍然允许其保持原来的文化和宗教传统，这里大多数遗迹建于这个时期。高棉帝国倾覆之后，这个城市被废弃，直到 17 世纪大城的那莱国王将其重振。他将这个古城改成首都，邀请欧洲人来访，并帮助将它建成"暹罗的凡尔赛宫"。欧洲建筑师帮助他建造了这里的新寓所，还帮他与法国的路易十四国王交换了礼物。这段黄金时期随着那莱王的去世而结束。华富里还是一座"猴城"，每年 11 月的最后一个周末，这里都会举行猴子节，当地居民会大摆宴席，准备丰盛的水果食物，宴请数百只猴子前来赴会，场面壮观。

那莱王宫
（Phra Narai Ratchaniwet）

🏠 Street Entrance Th Sorasak 🕗 8:30–16:00 💰 150 泰铢

　　这座巨大的皇宫为大城时代的那莱大帝所建，显示出高棉传统建筑风格和欧洲建筑风格的融合。大门右边是占他拉披桑宫殿（Chanthara Phisan Pavilion），建于1665年，现在是华富里国家博物馆（Lop Buri National Museum），里面收藏了众多佛像，还展出了农具、皮影戏用品、石器制品、2700多年前的文物等，展示了高棉和大城艺术。

三峰塔
（Phra Prang Sam Yot）

🏠 Street Th Wichayen ￥ 50 泰铢

三峰塔位于华富里市区火车站附近。它是华富里的标志，建于18世纪，是3座高棉人所建的具有婆罗门艺术风格的佛塔。

桑普拉坎寺
（Wat San Phra Kan）

🏠 Wichayen Road 🕐 全天

位于维猜延路（Wichayen）的这个桑普拉坎寺，也叫卡拉庙（Kala Temple）。该寺有10世纪的高棉塔遗迹、门廊装饰精美的小型寺庙以及建于1953年、供着四臂印度教神卡拉（Kala）的镀金塑像的现代寺庙。这里的猴子非常多，有时候对人类非常不友好，最好别招惹他们。

华西拉丹那玛哈泰寺
（Wat Phra Si Rattana Mahathat）

🏠 Aka Tossaroth Road, Mueang Phitsanulok ¥ 50 泰铢

　　这座 12 世纪的高棉风格寺庙是华富里著名的古老佛寺，建于高棉人统治时期，经历了大城和素可泰时期的几次重建。高高耸立的中央塔的塔顶以拉丝工艺装饰，一个砖砌神殿为纳瑞王所建，尖顶窗不同凡响，清晰地展现出欧洲和波斯文化的影响。

朝普拉维猜延官邸
（Chao Phraya Wichayen）

🏠 Street Th Wichayen 🕗 8:30-16:00 ¥ 50 泰铢

　　这个位于维猜延路上的欧洲风格的宫殿是纳瑞王为法国路易十四国王的大使所建的外国使节官邸，后来因成为希腊人康斯坦丁（Constantine Phaulkon）的寓所而声名远扬。康斯坦丁希望纳瑞王皈依基督教，国王去世后，大城王朝的法庭立即将康斯坦丁处死，同时官邸也废弃了。

佛统

曼谷西边那座安逸的小城就是佛统。这个城市的名字 Nakhon Pathom 源自巴利语,意为"第一座城市",据说佛统是泰国最早有人居住的地方之一。许多游客乘坐火车或者汽车来到这个小城都是为了一睹佛统塔的风采。佛统塔是世界上最高的佛教建筑,传说它的建立比公元纪年开始还早几个世纪,是传说中素万那蓬(Suwannaphum)王国的海港。

佛统被尊为泰国佛教的发祥地。相传在阿育王(King Asoka the Great,前 304 年—前 232 年)统治时期,两位高僧到湄南河下游平原传播上座部佛教,他们穿越了泰缅边界的三佛塔通道(Three Pagodas Pass),使佛统周围村庄的第一批信徒皈依了佛教,并在这期间建了一座佛塔。6 世纪时,这个地方繁荣起来,成为神秘的堕罗钵底王国的首都,直到现在,这里还存有该王国的石刻、小型佛塔和刻着"堕罗钵底大帝"字样的钱币。这个小城极具泰国特色,如果你想了解泰国大多数民众是如何生活的,推荐你到这里游玩一天。

佛统大塔
（Phra Pathom Chedi）

免费

🚌 佛统大塔位于佛统的中心，如果乘火车前往佛统，出了火车站就能看见

佛统大塔是世界上最高的佛塔，约有130米高，也是中南半岛最古老的佛塔。这一佛塔的历史可以追溯到6世纪。11世纪早期，佛统被高棉国王苏耶跋摩（Suryavarman）征服，从而成为高棉的一部分。1078年，这里又落入缅甸侵略者之手，但很快就被遗弃了，之后暹罗人发现这里是一个潜在的防御前哨，所以于17世纪重建此地。现在的佛统大塔建于1853年拉玛四世国王统治时期，在他的命令下，人们修建了新的佛塔，替代了原有的佛塔。建好的佛塔是圆形的，以自上而下的倒钟形为特点，从地面到其顶冠部分的高度约为120.45米，其根基部分的总直径为233.50米。这座神圣的佛塔内供奉着佛祖的舍利子。在拉玛六世国王统治时期，佛统寺被重新修复。之后，该寺庙成为了拉玛六世的皇家寺庙，这里也是拉玛六世的舍利子存放地，同时这里还收藏了各种各样有趣和珍贵的历史物品。

在寺院南门处有原始的佛塔模型，架于高棉风格的尖顶之上，旁边有一尊堕罗钵底时期的坐佛像。在大塔基座第二层平台上，有4座佛殿背靠着大塔。佛殿内的佛像手触土地，身边弟子环绕。内室之中是高棉风格的佛像。在西佛殿可以看到深受敬仰的9米长的卧佛。在4座佛殿之间，有24口钟环绕佛塔，常有信徒在此敲钟。

泰国好好玩 · 曼谷 · 大城 · 芭堤雅 · 阁昌岛 · 华欣 · 华富里 · 佛统 · 北碧 · 清迈 · 清莱 · 素可泰 · 阁沙梅岛 · 普吉岛 · 合艾 · 董里 · 甲米

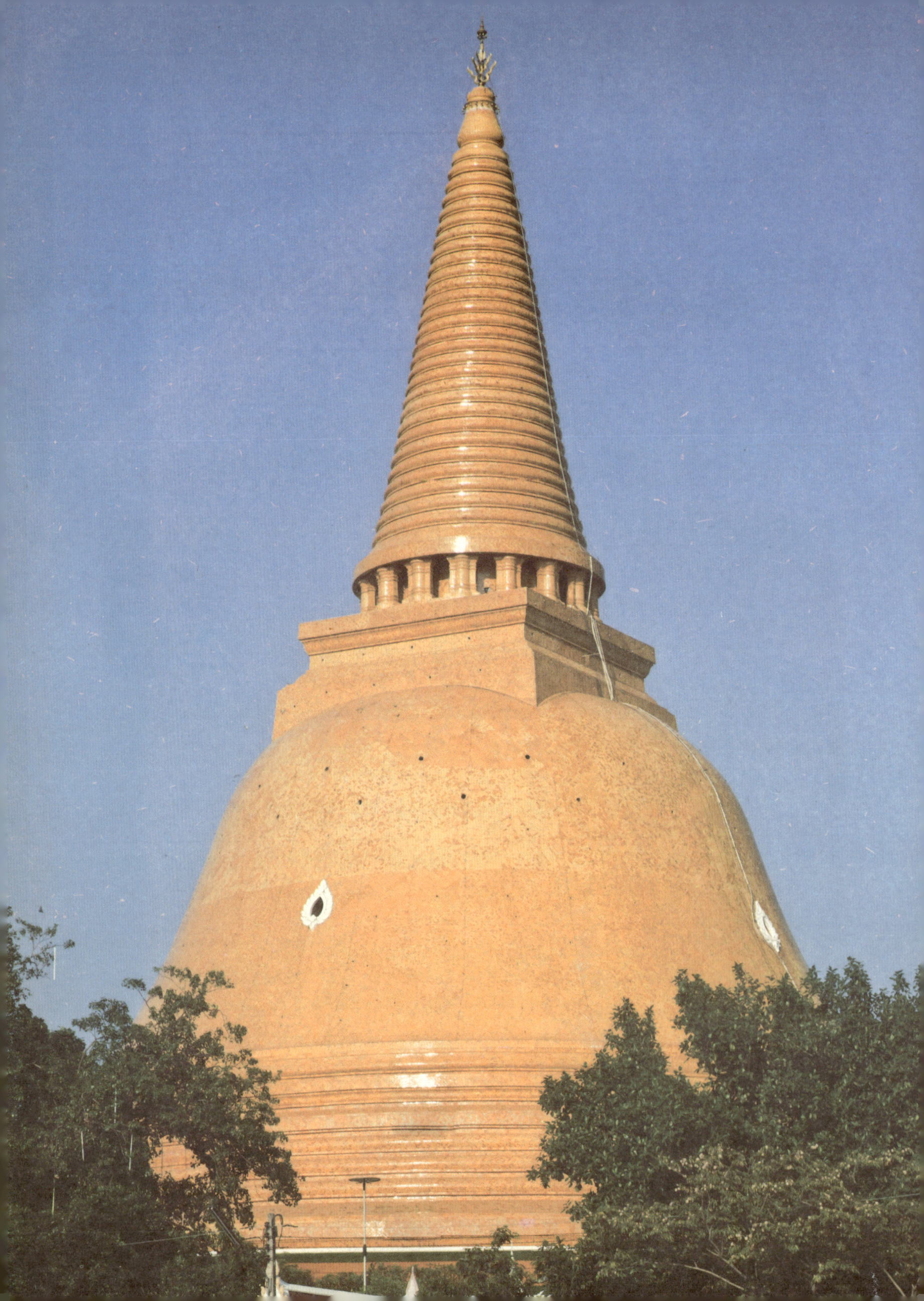

玫瑰园
（Rose Garden）

- 位于曼谷西南约 32 千米的 Tha Chin 河畔
- 表演时间：11:00、14:45
- www.rosegardenriverside.com

　　玫瑰园坐落在坤西施河（Nakorn Chaisri River）岸边，环境优美，设计完善，风景宜人的花园围绕着中间的大湖。这里有一个养着 300 多种珍奇鸟类的鸟舍、一个兰花玫瑰花圃、一个 18 洞的高尔夫球场和一个示范村，手工艺人在这里展示编织、雕刻和编篮技艺。

　　园中每天两次的文化表演十分精彩，百位表演者演出传统舞蹈、音乐和武术，在一个小时不间断的表演中，包括了传统婚礼、高僧灌顶、斗剑和拳击表演。

泰国人像博物馆
（Thai Human Imagery Museum）

- 43/2 Moo 1, Boromratchanchonni Road, Pinklao-Nakhonchaisri
- 0-34332607

　　泰国人像博物馆创建于 1989 年，虽然建馆时间不长，但早已闻名遐迩，参观者很多。博物馆里陈列着几十个真人大小的塑像，也有平民百姓日常生活的场景展示。

北碧

小城北碧在曼谷西边的泰国与缅甸交界处。这里风景如画，令人愉悦。北碧最著名的景点就是连接泰缅铁路的桂河大桥。泰缅铁路又称"死亡铁路"，建于第二次世界大战期间。桂河大桥也因大卫·里恩（David Lean）1957 年拍摄的同名奥斯卡获奖影片而享誉世界。

历史上通过三佛塔通道（Three Pagodas Pass）的贸易之路就在桂亚谷（Khwae Yai Valley）。13 世纪中期，该地区处于高棉帝国统治之下，高棉人在满欣（Muang Sing）建起了一个要塞。大城人从高棉人手中夺取统治权后，他们在北碧的西面修建了军事堡垒（现在两个遗迹游客都可参观）。1548 年，缅甸侵略军正式从这里进入了暹罗。后来，拉玛一世在这里建立了军事营地，从此这个地方成为了防御中心。

桂河大桥
(Khwae Yai River Bridge)

免费

🏠 **在市中心往北 3 千米处**

连接泰国与缅甸的铁路，曾由第二次世界大战时期的英国战俘被迫修建。这座横跨桂河的大桥，无声地讲述着第二次世界大战期间的那一段血泪历史。

桂河大桥被称为"死亡铁路的咽喉"。当年日军占领期间，为了能建立连接缅甸与暹罗的交通枢纽，日军强迫盟军战俘建造了这条"死亡铁路"，为此牺牲了无数宝贵生命。桂河大桥就是其中的一段，大桥的一边地势较为平缓，但跨过河的另一边却是险峻的群峰，有的路段甚至就开凿在悬崖绝壁上。

桂河大桥原为木桥，几经飞机轰炸，早已毁坏，只有在河水很浅时才能看到残迹，现在我们看到的是后来修建的铁桥，它直到今天还在通车。重建后的桂河大桥，在原来桥两侧的圆弧铁架的基础上，增加了两段不协调的方形铁架，造型没有原先的圆弧铁架优美，很多人看过后觉得不伦不类、不搭调。桂河大桥大约 10 分钟就可以走完，过了桥沿"死亡铁路"一直前行可以到达缅甸。站在桂河大桥的桥头，看着夕阳下静静流淌的美丽桂河，难以想象这里曾发生过那样悲惨的故事，只有在桥头安放着的美军投下而未爆炸的炸弹提醒着我们不要忘记当年那场惨烈的战争。

泰国好好玩 ●曼谷 ●大城 ●芭堤雅 ●阁昌岛 ●华欣 ●华富里 ●佛统 ●北碧 ●清迈 ●清莱 ●素可泰 ●阁沙梅岛 ●普吉岛 ●甲米 ●合艾 ●董里

101

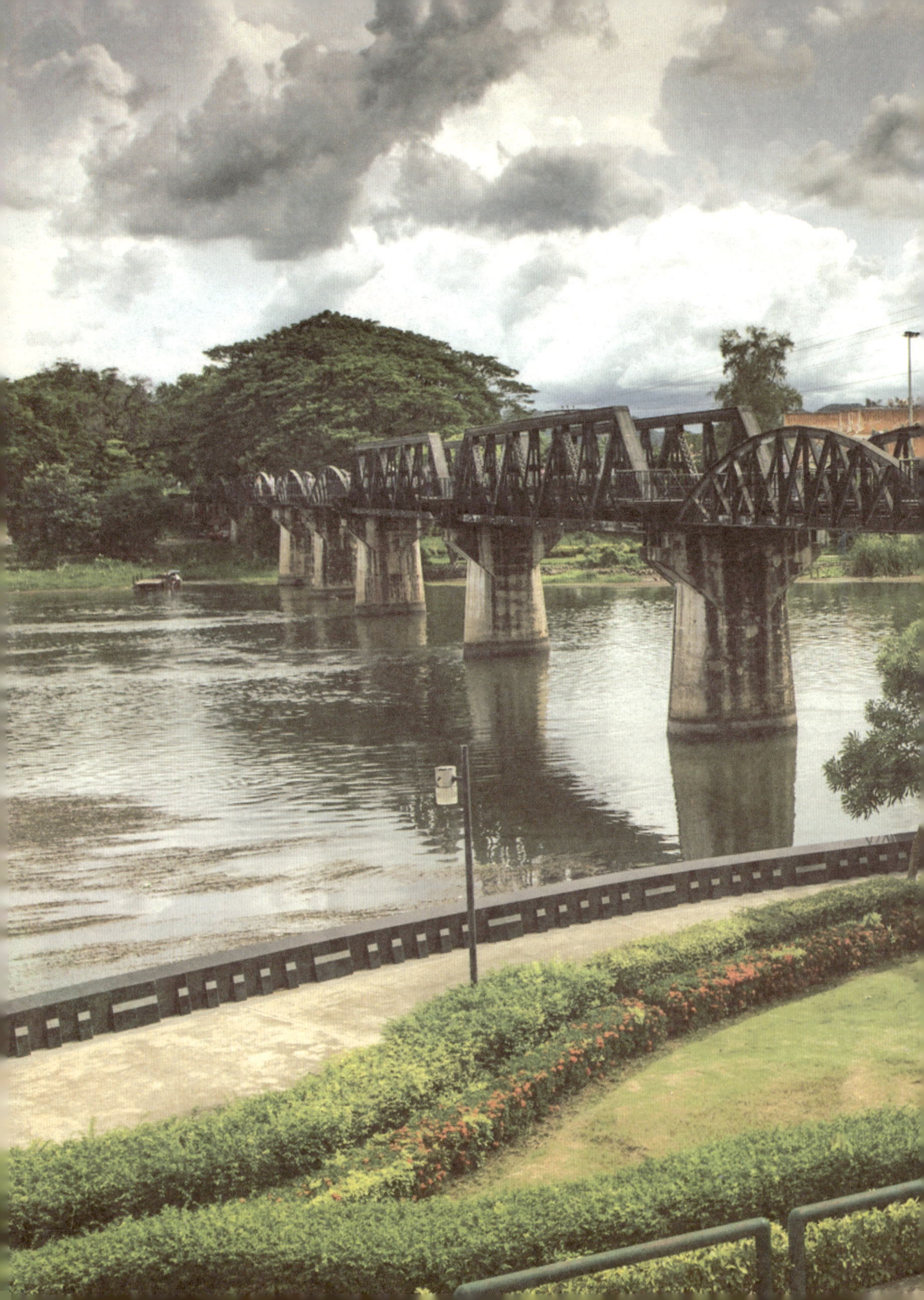

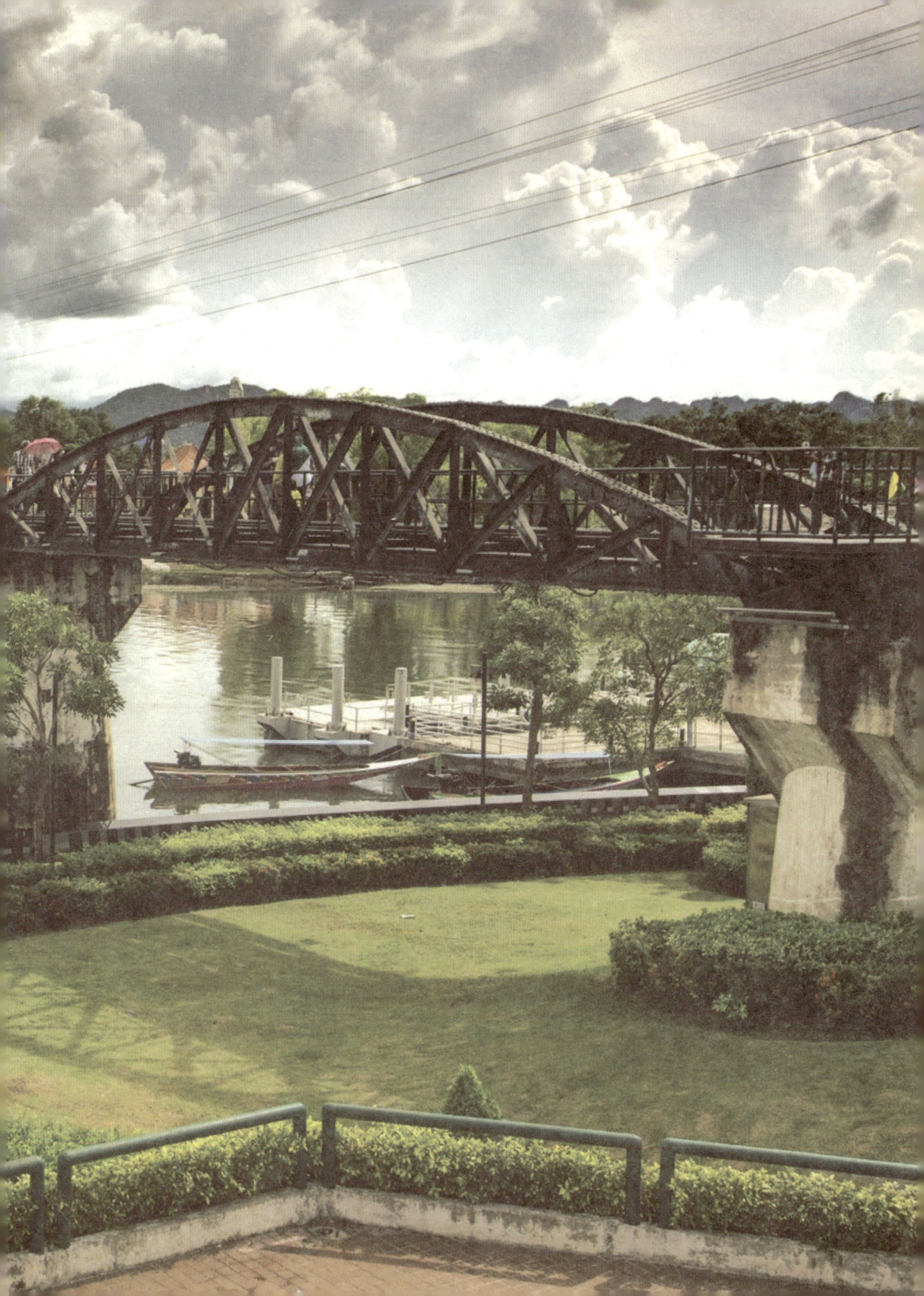

ห้าม
DO NOT

BOAT FOR HIRE
THE RIVER KWAI
สะพานแม่น้ำแคว
KHAOPOON CAVE
วัดถ้ำเขาปูน
MANGKONTHONG CAVE
วัดถ้ำมังกรทอง
CHONGKAI WAR CEMETERY
สุสานช่องไก่
WAT THAM SUEA
วัดถ้ำเสือ

战争博物馆
（JEATH War Museum）

免费

🏠 **Pak Phreak Road**

博物馆的名字是参加铁路建设的人员的国籍缩写，这些国家包括英国（England）、澳大利亚（Australia）、美国（America）、泰国（Thailand）和荷兰（Holand）。战争博物馆记录了1.2万名盟军战俘和10万名亚洲劳工死于修建泰缅铁路这条"死亡铁路"的历史。

博物馆并不正规，3个竹屋有些类似原来的监狱。其中展览了一些战俘的绘画与书信，这些绘画描绘了可怕的战俘营生活，而书信则讲述了他们为建造铁路付出的牺牲以及日军对他们的残酷折磨。

北碧府战争公墓
（Kanchanaburi War Cemetery）

免费

🏠 **Saeng Chuto Road**

位于北碧和著名的桂河大桥之间的这个大型墓地之中，安葬着死于铁路修建的近7000名盟军战俘（主要是英国人和澳大利亚人）。公墓的守护者是伦敦的英国战争公墓委员会（Commonwealth War Graves Commission）自发组织的一群守墓人，他们恪尽职守，使墓地至今保存完好。

清迈

清迈绝对是泰国北部最有魅力的地方，众多中国旅行者都说泰国最好玩的地方就是清迈。清迈位于泰国北部，是泰国第二大城市，是清迈府的首府，也是泰国北部的政治、经济、文化中心，其发达程度仅次于首都曼谷。这个素有"泰北玫瑰"之称的城市，是那样地恬静、瑰丽。相信在你踏入老城的一瞬间，就会立刻爱上这个城市。邓丽君的《小城故事》曾经让无数人心驰神往，歌曲中所唱到的"小城故事真不错"的小城就是清迈，这里也是这位奇女子度过人生最后时刻的地方。这里没有慵懒闲散的沙滩椅，没有穿比基尼的美女，但这里有泰国古老的历史文化，有信仰的精神寄托，这里更传统古老而又充满活力。穿筒裙的女子、穿梭的双条车、老城墙、古城、夜市……清迈的魅力在于它平凡的生活气息。

清迈位于曼谷以北 700 千米处，地处海拔 300 米高的山谷中，与四季盛夏的曼谷相比较，这里气候格外舒爽宜人。历史上，清迈曾长期作为泰国兰纳王朝的首都。清迈毗邻缅甸，虽然不与中国接壤，但距离非常近。这里是古丝绸之路南道的一个重要交汇点，是中国向东南亚输出丝绸、茶叶等商品的重要贸易通道。文化和商品在这里汇集，因此促成了不同文化的碰撞。造访清迈这个泰国的"北方玫瑰"，应该到古城里四处走走，沿街的传统商店有着 20 世纪中国南方城市风情，夜市、早市和小巷子又有着浓浓的泰式风情。这个迷人的"小城"，是体验泰国文化与历史精髓的最佳地点。

清迈古城
（Chiang Mai Old City）

免费

🏠 Mueang Chiang Mai District, Chiang Mai

　　如果要问清迈的魅力在哪里，那一定是被城墙包围着的古城。古城呈四方形，四边界长约1.5千米，均被城墙和护城河包围，保存得很完整。它是泰国重要的文化遗产之一，美丽清幽，遗迹众多。阡陌纵横的小巷子、一栋栋的小房子、绿色的院子、铺满石砖的小路、纵横交错的电线杆……处处充满着生活的气息。这里总有能让你驻足的地方：古城里众多历史悠久的寺庙，古城四周围绕着的古城墙，都是游览参观的好去处。始建于700年前的中世纪风格的城墙，是用于防御当时的缅甸入侵者的，如今只余遗迹。清迈原来有两道城墙，外城是一道土墙，内城则是一圈砖墙，如今多已倒塌，但内城的四角及五个城门仍保留了下来，现存最完整的一座城门是东边城墙的塔佩门（Tha Pea Gate）。而正对塔佩门的路，就被称作塔佩路（Thapae Road）。塔佩路上聚集了很多特色小商店，沿此路也可通往夜市。此外还有城北的昌卜克门（Chang Puak Gate）、城西的松塔门（Suan Dok Gate）、城南的松朋门（Suan Prung Gate）与清迈门（Ching Mai Gate）。从松朋门出来后左手边不远处就是中国总领事馆，清迈门附近有清迈菜市场。

　　城中间东西向的Th Ratchadamnoen Road

是清迈城内的主干道，东侧尽头就是塔佩门，西侧尽头是帕辛寺（Wat Phar Singh）。往东可以到夜市，往西南可以到机场，往西北可以到清迈大学、动物园以及素贴山。

城内三大寺庙

清曼寺（Wat Chiang Man），位于城东北；柴迪隆寺（Wat Chedi Luang），位于古城中心；帕辛寺（Wat Phra Singh），位于城西。

省钱小助手

在清迈，如果不进行一次古城徒步，简直愧对这次旅行。徒步的起点是古城西边的帕辛寺，然后沿着 Th Ratchadmnoen 大街走，到第二个路口右转，走不远就可以看见盼道寺，再向前一点就是著名的柴迪隆寺。游览完后沿路返回到 Th Ratchadmnoen 大街，向东走到 Th Ratchaphakhinai 大街，一直往北，可到达清曼寺，游览完后向东转到 Th Wiangkaew 路，在路口往南走到 Th Phra Pokklao 路，这一路有些小吃店，可以尝尝。继续往南可以看见三王的雕像，这里也是清迈市立文化中心，然后走到旁边 Th Ratwithi 路，一直走到清迈女子监狱。

帕辛寺
（Wat Phra Singh）

🏠 Th Ratchadamnoen 路最西端 💰 30 泰铢

　　被认为是清迈最重要的寺庙之一的帕辛寺位于参蓝路（SamLan），是清迈目前保存最好的佛寺，由明莱王朝的帕于王于1345年建造，主要用于供奉其父的骨灰。每年4月13—15日的泼水节期间，当地居民会为寺内的佛像沐浴净身。寺内供奉的早期兰纳（Lanna）式青铜佛像是1400年从邻城清莱请来的。寺中墙上绘有佛教故事的壁画栩栩如生，相传是由当地一位名叫杰衫（Jek Seng）的艺术家所绘，内容多是佛教各派流传的关于佛祖释迦牟尼的故事，以及对泰北人民生活的生动描写。寺内还有工艺精湛的木雕，被认为是泰国北部传统艺术的代表作，也是上乘的佛教艺术品。

柴迪隆寺 免费
(Wat Chedi Luang)

🏠 **Phra Pokklao Road**

柴迪隆寺，又译作隆圣骨寺，位于清迈古城的中央，在泰文中的意思是大塔寺。这座具有纳兰泰王朝时期建筑风格的大佛塔建于 1441 年，原高 90 米，1447 年曾举行了寺里著名的第 8 届世界佛教会议。但经历了 1545 年的大地震和 16 世纪的泰缅战争后，如今的寺庙高度仅剩 60 米，原存于此塔东面神龛的玉佛，后移至曼谷玉佛寺。近年来，柴迪隆寺由联合国教科文组织和日本政府出资修缮，以保存原貌。

盼道寺
(Wat Phan Tao) **免费**

🏠 Phra Pok Klao, Sri Phum, Mueang

在距离柴迪隆寺不远处，是一个精致的小寺庙，里面有全柚木建筑的佛殿，是兰纳时期的建筑风格，非常有泰北特色。

泰国好好玩 ・曼谷 ・大城 ・芭堤雅 ・阁昌岛 ・华欣 ・华富里 ・佛统 ・北碧 ・清迈 ・清莱 ・素可泰 ・阁沙梅岛 ・普吉岛 ・合艾 ・甲米 ・董里

111

清曼寺
（Wat Chiang Man） **免费**

🏠 位于清迈古城内 Th Rajdamnoen Road 和 Samlam Road 的交界处，是清迈规模最大、香火最旺的佛寺。从塔佩门出发大约步行 25 分钟

清曼寺位于 Rajpakinai Road，是清迈最古老的皇家寺庙，建于 1296 年，里面的两座菩萨神像分别有 1 800 年和 2 500 年的历史，著名的 Mengrai 国王也曾经在这里居住过。寺庙中的一座小型水晶菩萨神像被认为是雨的守护神，另一个 Phra Sila Khoa 神像则体现了几千年前印度工匠技艺的鬼斧神工。

清迈市立文化中心
(Chiang Mai City Art & Cultural Centre)

免费

🏠 Inthawarorot Road

　　这座博物馆建于1924年，馆中展示了清迈的历史资料、清迈人古今生活、清迈佛教文化、农业及山地民族资料等。

　　三王纪念碑位于文化中心的正前方，是三位对清迈有重大贡献的人物的雕像，分别是兰甘亨大帝、孟莱王和南蒙王。常有当地人在雕像前烧香献花，以示尊敬。

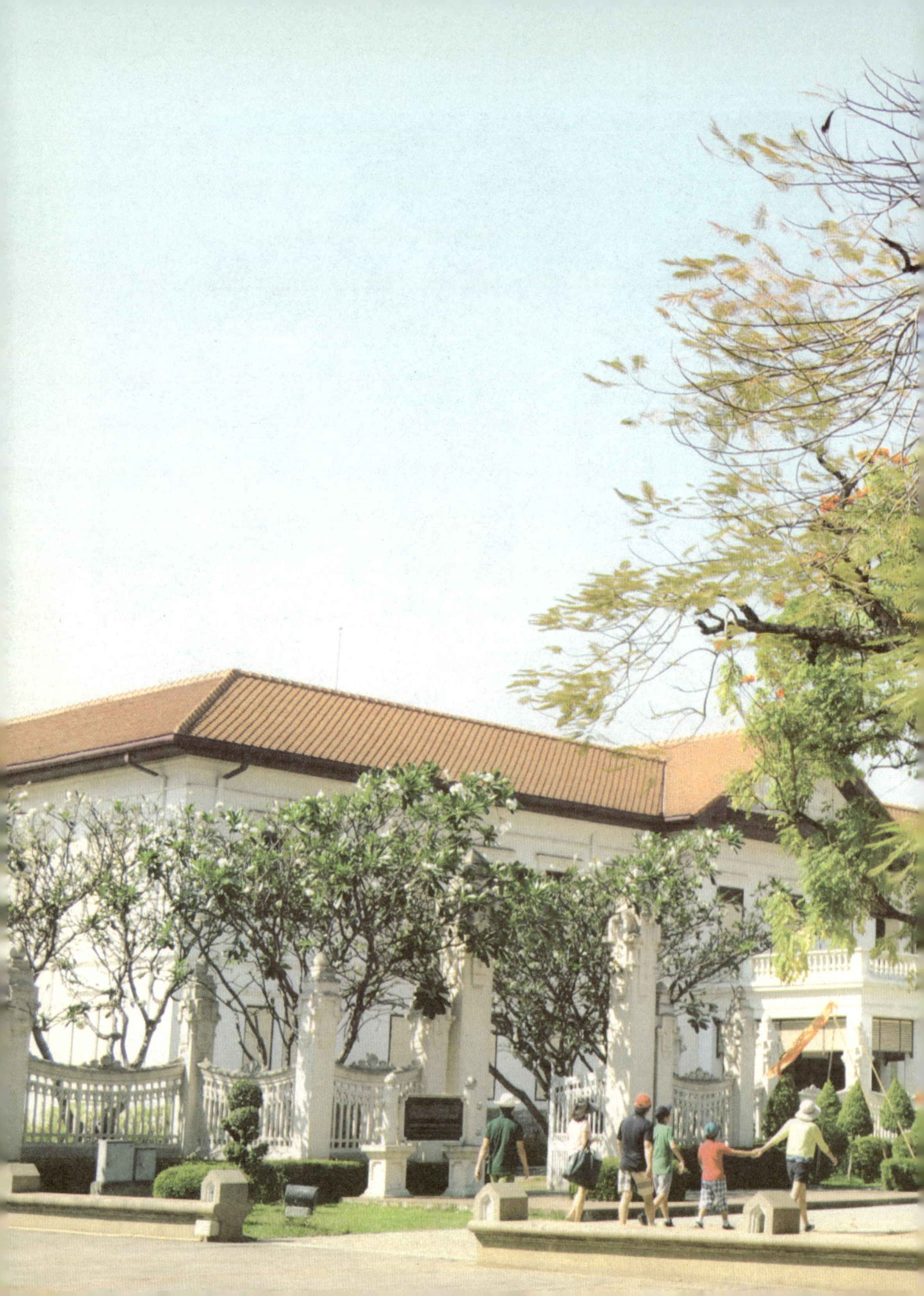

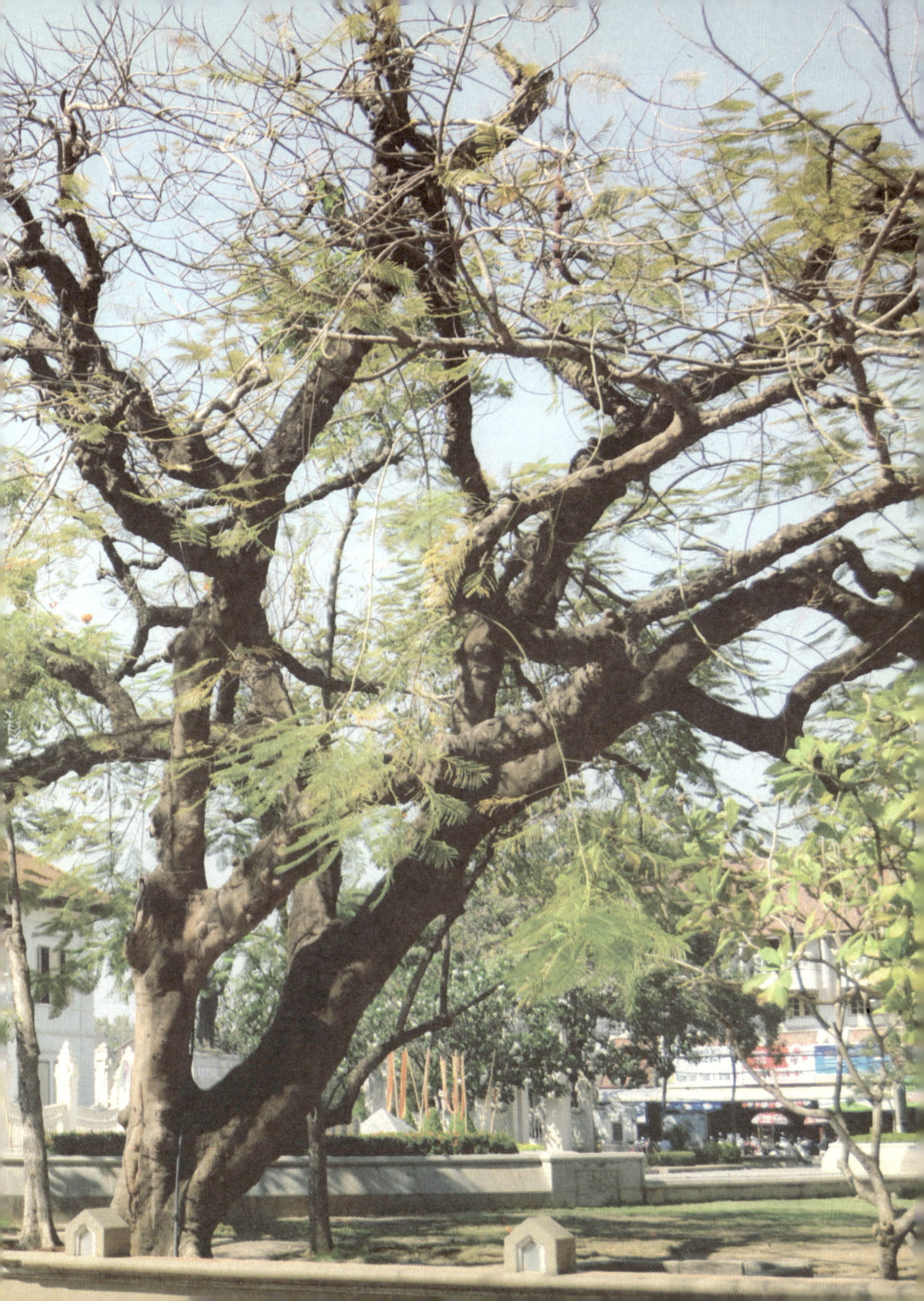

清迈国家博物馆
（Chiang Mai Provincial National Museum）

🏠 Chang Phueak, Mueang Chiang Mai, Chiang Mai 50300 ☎ 0-53221308 ¥ 200泰铢 🕐 周三至周日 9:00-16:00 🌐 www.thailandmuseum.com

　　清迈国家博物馆位于柴右寺旁边。这座现代兰纳式风格的博物馆中展出了许多有趣的泰国北部的手工艺品。博物馆中的文物可追溯至昌盛、素可泰、罗富里和大城时期，其中以佛头最为精致，同时馆中也收藏了许多古代的佛像、工艺品和各时期的武器等。一楼展出兰纳时期的历史文物和艺术品，二楼展出泰北山地少数民族的用品和手工艺品。

TIPS
泰国传统泼水节和新年期间闭馆。

清迈大学
(Chiang Mai University)

免费

- 239 Huay Kaew Road, Suthep, Muang
- 从古城过去，可乘坐双条车，每人约 30 泰铢
- 0-53941000　周二至周日 9:00-17:00
- http://www.cmu.ac.th

　　清迈大学成立于 1964 年，位于清迈市西郊，占地 14 平方千米。清迈大学是全市唯一一所国家大学，也是泰国北部首屈一指的高等学府，目前有学生 3 万多人。清迈大学充满热带风情，有巨大高耸的热带树木、茵茵的草地、翠绿的湖水，还有咖啡小店，非常值得一逛。

泰国好好玩｜曼谷｜大城｜芭堤雅｜阁昌岛｜华欣｜华富里｜佛统｜北碧｜清迈｜清莱｜素可泰｜阁沙梅岛｜普吉岛｜甲米｜合艾｜董里

清迈动物园
（Chiang Mai Zoo）

🏠 100 Huay Kaew Road ☎ 0-53221179、53358116 ¥ 100 泰铢，熊猫馆 250 泰铢；动物园提供住宿及帐篷 🕗 8:00-19:00 🌐 www.chiangmaizoo.com

清迈动物园位于前往素贴山的路上，距离清迈大学很近，规模巨大，占据着素帖山森林茂密的低矮山丘。这里有超过 200 种来自亚洲、非洲的哺乳动物与鸟类，以及来自中国的两只名叫 Thewa 和 Thewi 的非常可爱的熊猫。

华考瀑布
（Huai Kaeo Waterfall）

免费

🏠 位于动物园旁边

华考瀑布紧邻动物园，高 10 米，这里有绿色自然、景色优美的野餐点。

松达寺
(Wat Suan Duk)　**免费**

🏠 **Th Suthep**（通往素贴山的路上）

泰文中松达寺的意思是花园寺。松达寺位于清迈古城以西，建于1373年，原本是佛学大师素玛那泰拉（Phra Sumana Thera）雨季时的居所，后曾成为纳兰泰王朝的"御花园"。传说在松达寺最大的佛塔下埋了佛舍利子，而白色塔林中的每座塔都超过一人高，是纳兰泰王室成员去世后的埋葬处。此寺有一座建于16世纪的青铜佛像，每年4月清迈泼水节的主要仪式都会在该寺举行。

泰国好好玩 ● 曼谷 ● 大城 ● 芭堤雅 ● 阁昌岛 ● 华欣 ● 华富里 ● 佛统 ● 北碧 ● 清迈 ● 清莱 ● 素可泰 ● 阁沙梅岛 ● 普吉岛 ● 合艾 ● 甲米 ● 董里

119

素贴山国家公园
（Doi Suthep-Pui National Park） **免费**

🏠 Mueang Chiang Mai District, Chiang Mai, 50200　🚌 乘出租车或包车前往是最简单的方式。包车费用600～800泰铢半天

　　素贴山是泰国北部著名山峰，海拔1 667米，是佛教圣地，位于清迈市近郊。素贴在泰语中是仙友之意。山上有著名的素贴寺，寺里有巨大的舍利塔，每年都有国内外佛教徒来朝拜。这里建有泰国国王的避暑行宫——蒲屏宫，这是清迈市的标志。此山又名为遇仙山或会仙山。山坡上开满五色玫瑰，山顶白云缭绕，风光秀丽。登临山顶，清迈市全景尽收眼底。

省钱小助手

乘坐双条车是最多人选择前往素贴山的方式。清迈大学有开往素贴山的双条车，凑够10人就发车，单程每人40～60泰铢。此外，自己租一辆摩托车前往素贴山是非常便利和灵活机动的选择。

素贴寺
(Wat Phra That Doi Suthep)

💰 **50 泰铢（包括电梯费用）**

建于 1383 年的素贴寺，又名双龙寺，是清迈最重要也是最显著的地标，距市区 15 千米，海拔 3 520 米，在这里可俯瞰整个清迈市区的景致。据说 14 世纪时在泰北发现了释迦牟尼佛的舍利子，当时的人将舍利子放在白象背上，任由白象寻找供奉舍利子的位置，最后白象落脚在素贴山上，这便是素贴寺建寺的由来。素贴寺门前有 290 级纳迦风格的台阶，不过大多数游客都选择乘索道电梯上下。佛寺的金色佛塔中供奉着佛祖舍利子，每年都吸引着世界各地的佛教徒前来朝圣。

蒲屏宫
(Bhuping Palace)

Suthep, Mueang Chiang Mai　100 泰铢　下午 15:30 停止参观

　　位于素贴山上的蒲屏宫花园始建于 1962 年，离市区约 22 千米。园内的玫瑰花大得可比人面，满园竞艳，令人目不暇接。这座皇宫是泰皇冬季避寒的行宫，白墙黄瓦，建筑格调十分雅致，坐落在周围的青山之中，自有一份清凉平和之感。在皇室成员不在的时候，这里会对公众开放。参观这里的着装要求同大皇宫一样。

苗族村
（Doi Pui Tribal Village）

免费

🏠 距离蒲屏宫约 4 千米　🚌 坐当地特有的双条车前往

　　苗族村位于素贴寺附近，距离蒲屏宫约 4 千米，可以坐双条车前往。在苗村内有难得一见的罂粟花，说明了这个村庄有种植鸦片的历史。村内还有一个村民自营的少数民族博物馆，陈列着苗、傈苏、喀伦、拉胡、阿卡等泰北六族的生活用具。目前这个村子已经成为民族旅游纪念品售卖地了。

因他农山国家公园
(Doi Intanon National Park)

🚌 **因他农山国家公园位于清迈南部 25 千米处，一般旅行社都有一日游行程，价格 1 000 泰铢起**
💰 **200 泰铢**

　　因他农山国家公园是泰国国家自然保护区，位于清迈南部的因他农山上，占地面积 1 005 平方千米。因他农山的最高峰海拔 2 565 米，是泰国最高的山，属于喜马拉雅山脉。公园内风景秀丽，树木茂盛，鲜花盛开，气候凉爽，丛林和各式蕨类植物遍布，大象等野生动物出没其间，是泰国最负盛名的国家公园。园内还建有名胜大象营、兰花培植场等，是郊游的好去处。因他农山有丰富的物种资源，其中包括 400 多种鸟类，是生物学家和鸟类爱好者的胜地。山中有多个瀑布，以 Nam Tok Mae Klang、Nam Tok Wachiratan 和 Nam Tok Siriphum 这 3 处瀑布最为著名。因他农山公园每年 11 月至次年 2 月的景色最好，上山道路的两边有一些山地部落的梯田。

泰国大象保护中心
(Thai Elephant Conservation Center)

🚌 如要前往此营地，可以在南邦汽车站搭乘开往清迈的公共汽车或者双条车，然后在"Km 37"标志处下车。免费厢式车在相距2千米的高速公路和该中心之间穿梭接送游客 ☎ 0-54229042 ¥ 50泰铢 🕐 公开表演的时间为每天10:00、11:00，6月至次年2月周五、周六及节假日为13:30 🌐 www.changthai.com

在泰国社会，大象曾一度作为战争的机器、运送木材的卡车以及工作的伙伴。然而汽车的出现却导致大象们失去了工作，成为现代社会中无人关心的"孤儿"。泰国大象保护中心通过提倡生态旅游、提供医疗护理和训练幼象等方式，试图尽力改变这样的状况。保护中心向游客提供骑象服务（15分钟，200泰铢起）以及大象沐浴表演。你还可以给大象喂它最爱的芭蕉。

TIPS

骑大象的旅行

骑大象游清迈是清迈最具特色的旅游项目，几乎所有来清迈旅行的人都会参与这项活动。大象在这个热带国度就如同与草原民族日夜相伴的马儿，是家庭的伙伴，是生产生活的一员。

🏠 Tha Phae Mae Taman 和 Pang Chang Mae Sa
☎ 0-53297060

清道驯象中心
🏠 Chiang Dao Elephant Trainning
☎ 0-53298553/53862037

骑山地车旅游

在清迈及其外部的山林间有很多条路线供山地车爱好者探险。详情请与清迈绿色旅游中心联系。
☎ 0-53247374

超惠游 泰国

清莱

清莱于 1262 年建城，曾是 13 世纪朗那王国的国都，距曼谷约 900 千米。清莱是一座宁静简朴的小城，是通往北部山区和缅甸、老挝边境的要道。

白龙寺
(Wat Rong Khun)

免费

🚌 从清莱的中心汽车站有车前往，每人20～40泰铢 🕘 9:00-18:00

　　白龙寺也叫龙昆寺、灵光寺、洼龙坤，俗称白庙，是清莱正在建设中的一座寺庙。该寺由泰国著名艺术家Chaloemchai Khositphiphat设计，于1998年开始建造。不同于泰国传统的寺庙，该寺以素白为底，银镜镶边，反射出夺目的光芒，象征着佛陀的纯洁和佛的智慧照耀着全宇宙。泰国白龙寺的独到之处在于全寺都是白色，并雕有无数条龙，还有各种华丽造型，而在这些图案中又有镀银的金属条带，佛殿外墙上还镶嵌了许多镜面玻璃。从合适的角度看过去，整个寺庙就像是散发着令人惊诧的魔法之光。而寺庙中的壁画也融入了许多现代元素。由于工程细腻，目前这座寺庙还没有完全建成。

泰国好好玩 · 曼谷 · 大城 · 芭堤雅 · 阁昌岛 · 华欣 · 华富里 · 佛统 · 北碧 · 清迈 · 清莱 · 素可泰 · 阁沙梅岛 · 普吉岛 · 合艾 · 甲米 · 董里

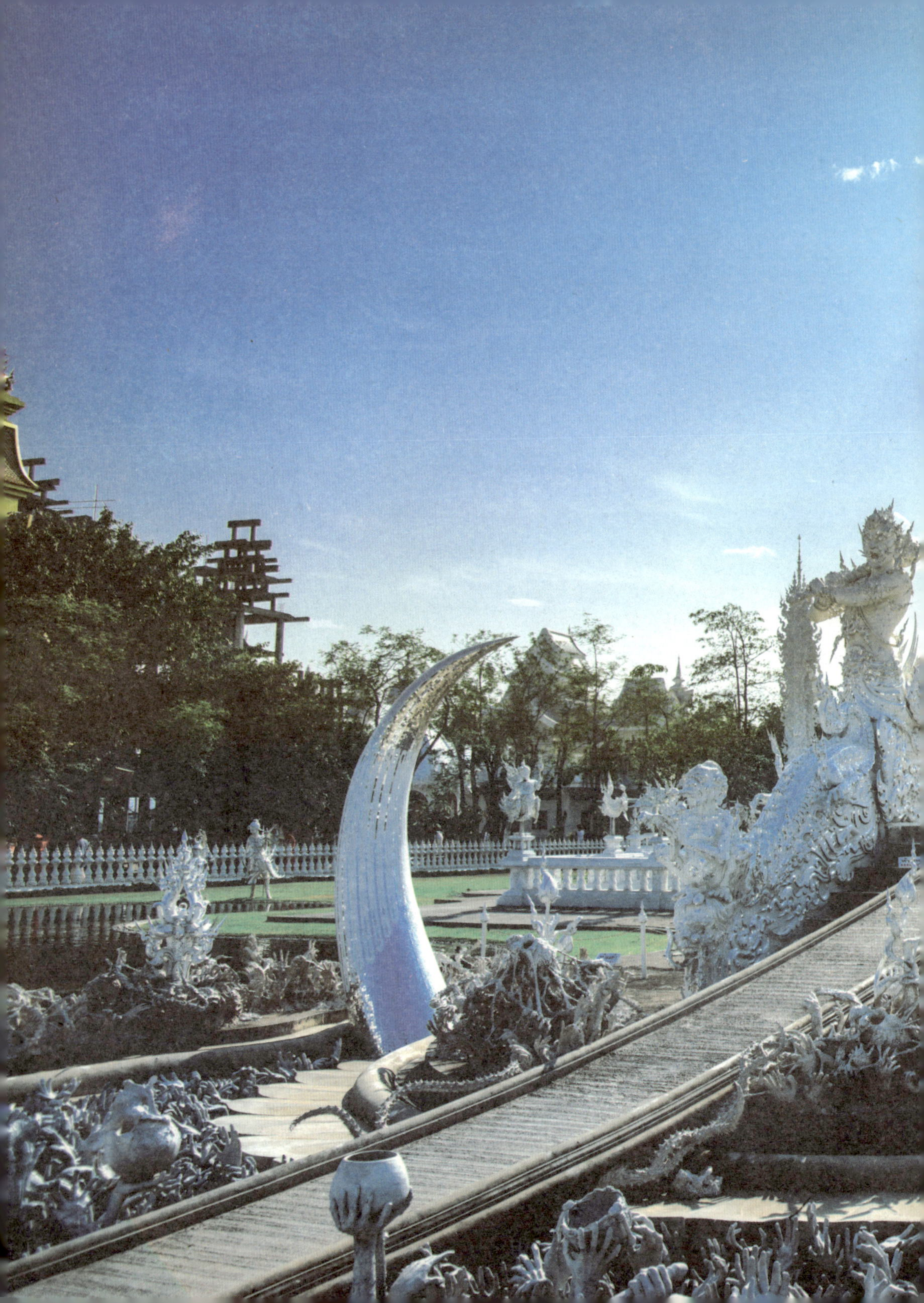

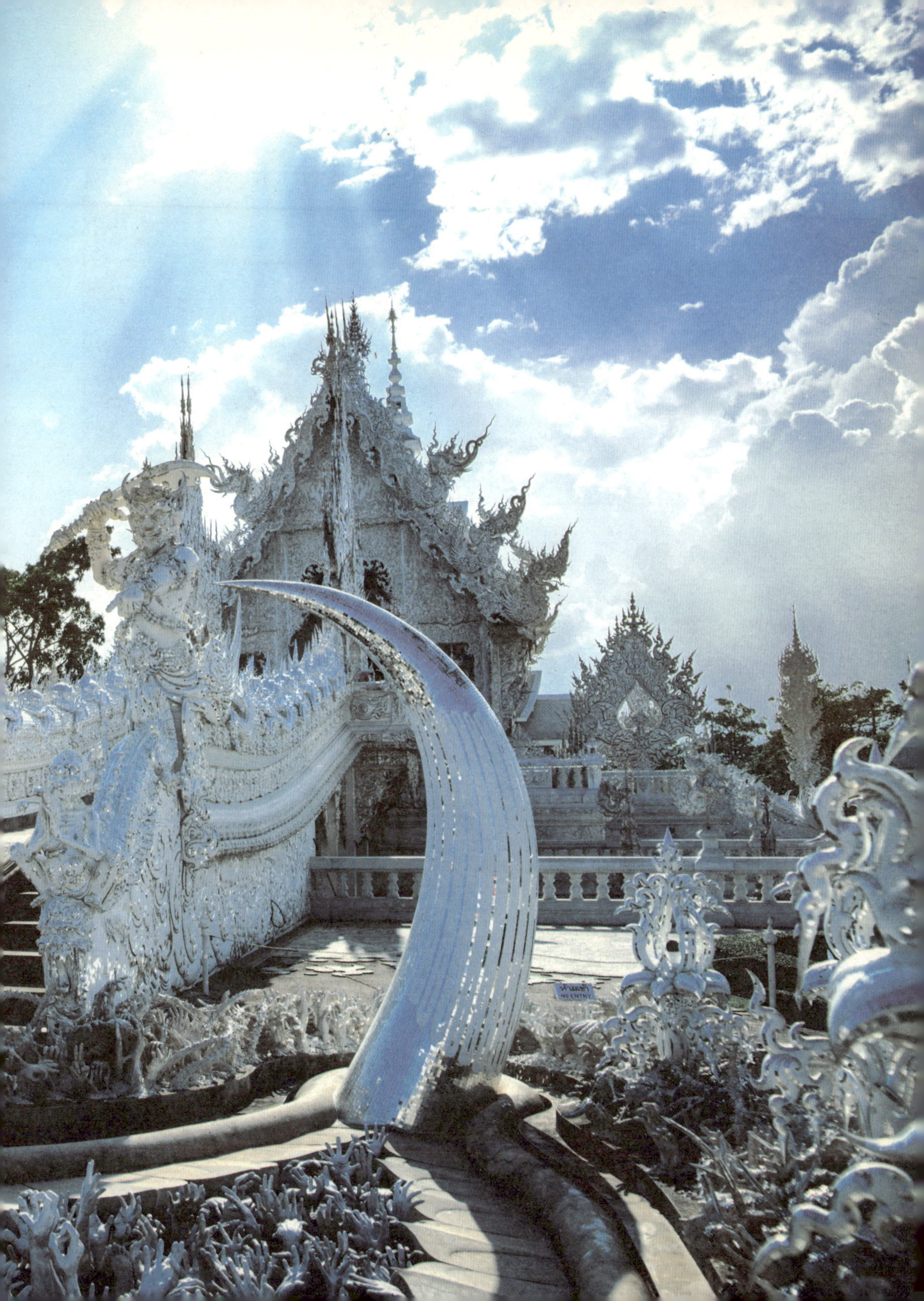
ห้ามเข้า
NO ENTRY

清莱玉佛寺 免费
（Wat Phra Kaew）

🏠 124/15 Moo 21 Kohloy Road, Mae Kok River 🚌 从清莱旧车站乘双条车约5分钟可达

　　寺庙位于清莱市中心西区的Trairat Road，自古以来就是当地的佛教圣地。著名的曼谷大皇宫内的玉佛寺供奉的玉佛，就是从这个寺庙请出的。据说在1434年，有一次一道闪电击中该寺庙中的一座佛塔，发现其中藏有一尊玉佛，玉佛寺便因此而得名。后来玉佛几经辗转，至1784年3月22日以隆重仪式将玉佛安置在曼谷的玉佛寺，至今已超过200年。目前寺庙中供奉的玉佛，是1991年泰国王室为了庆祝王太后90岁生日，依照原来玉佛的式样，采用加拿大青玉，运往中国北京雕刻而成的。

孟莱王雕像
（King Mengrai） 免费

🏠 Si Phum, Mueang Chiang Rai

孟莱王雕像位于清莱市东区，是为纪念孟莱王而立的。孟莱王是13世纪的人物，是清莱城的创建者，清莱这个城市也是因他而得名。

素可泰

素可泰位于泰国北部的永河河谷。素可泰的泰语意思是幸福曙光。素可泰是泰国历史上素可泰王朝的首都，它不但是泰民族所创立王国的第一个首都，也是泰文化的摇篮，泰国的文字、艺术、文化与法规，很多都是在素可泰王朝开始创立的。至今存留的素可泰古城遗址，成为泰国乃至世界文明的文化遗产。素可泰地处泰国中央平原，位于曼谷以北 427 千米的地方，分为老城和新城，新、老城之间相距约 12 千米。主要的遗迹都集中在素可泰老城，即素可泰历史公园。所以在素可泰游玩可以选择居住在老城附近。

素可泰就像它的泰文含义幸福的曙光一样，充满了低调而又美好的幸福感。走在古老的遗迹中，回想这里曾经的辉煌，感叹古人留下的无尽文明，在这里可以净化心灵，让自己真正地安静下来，忘掉一切。

素可泰历史公园
(Sukhothai Historical Park)

🏠 素可泰老城　💰 100 泰铢／人（自行车进入需收取 20 泰铢／辆的费用）

素可泰历史公园即素可泰古城。素可泰古城呈长方形，面积约 116.5 平方千米，周围有 3 层土墙、护城河及城墙，城内有四大水池。城内外密布着 193 处佛教古迹，包括 1 座王宫、35 座佛庙以及大量的古塔、佛像、石碑、池塘、堤坝和古瓷窑等。素可泰古城于 1584 年被弃置荒废，20 世纪 30 年代初，泰国将其列为国家重点保护的文化遗址，1953 年开始逐步开展修复工作。经过 30 多年的修复，1987 年年底，素可泰古城重放光彩，成为素可泰公园，不但整修了大部分古建筑，修补了佛像，挖掘了遗址，还将庙宇和城墙涂上了防潮防腐蚀的硅化学物。素可泰历史公园也被联合国教科文组织列入《世界遗产名录》。

素可泰历史公园主要分为中、东、西、南、北五个区，每部分分别收取门票。其中中区是最大的一个部分，历史公园的正门与名牌均在这里。历史公园中区的门口是老城最大的自行车出租地，游客可以在这里租自行车游览历史公园。每天还车时间是 18:00，租金 30 泰铢／天。

中区

¥ **中区门票 100 泰铢，骑自行车进入另收取 10 泰铢进公园费用**

中区是素可泰历史公园的核心，主要围绕马哈泰寺（Wat Mahathat）展开。此外还有西沙瓦寺（Wat Si Sawai）等。

马哈泰寺 Wat Mahathat

马哈泰寺是素可泰最大的寺庙，寺庙周围有护城河，建成于 13 世纪。寺内有 198 座佛塔，还有古老的佛像。这一寺庙的建筑艺术形态常被称为"素可泰风格"。

西沙瓦寺 Wat Si Sawai

西沙瓦寺位于马哈泰寺的南面，有 3 座高棉式佛塔，还有很精致的护城河以及高大的树木。西沙瓦寺原本是座印度教寺庙，为高棉人所建，建于 12—13 世纪。

沙西寺 Wat Sa Si

沙西寺被称为"神圣的池塘寺院"，是一座典型的素可泰风格寺院，有一座佛塔以及一尊佛像。

东区

东区可参观的地方是兰坎亨国家博物馆和金池寺。走出中区的大门，沿正对大门的路大约向前走100米就到了东区。

兰坎亨国家博物馆 Ramkhamhaeng National Museum
¥ 150 泰铢　⏰ 9:00-16:00

博物馆藏有著名的兰坎亨手稿（仿制品），该手稿被认为是最早的泰国文字样本，另外馆里还有很多素可泰时期的艺术品。

金池寺 Wat Trapang Thong
¥ 50 泰铢

金池寺就在博物馆旁边，被一个池塘包围，有木栈道通往寺庙。在寺庙四周种植着好几颗鸡蛋花树。金池寺的小水塘是泰国水灯节的发源地。

北区

北区有两个大寺，均值得花时间一看，分别是西春寺和风神王寺。

西春寺 Wat Si Chum
¥ **50 泰铢**

在寺庙中有一尊高达 15 米的坐佛，佛像"犹抱琵琶半遮面"，被四周的大殿围起来，从远处只能看见佛像的一部分。

风神王寺 Wat Phra Phai Luang
¥ **100 泰铢**

风神王寺与西春寺相隔不远，是一座比较完整的城池，有护城河和 3 座 12 世纪高棉风格的塔，据说这里曾是素可泰统治的中心。

西区

西区的主要观赏景点是位于沙攀辛寺山顶的立佛。

沙攀辛寺 Wat Saphan Hin
¥ **100 泰铢**

沙攀辛寺位于古城墙以西 4 千米处的一个 200 米高的山顶上，通往寺庙的是一条由石板铺成的路。在山顶一个砖砌的平台上有一尊 12.5 米高的站立佛像。站在这里可以一览素可泰古城的全貌。

南区

在南区主要是看涅盘寺的"走佛"以及对面夕红寺的佛塔雕塑。

涅盘寺 Wat Chetupon
¥ **100 泰铢**

坐落在城墙以南2千米处，有一尊非常优美的走姿大佛，佛像虽然已经被破坏了，但其优美的线条依然清晰可辨。原本这座佛塔的四面刻画了佛祖坐、卧、走、站的4个姿态，但均已被破坏。

夕红寺 Wat Chedi Si Hong
¥ **100 泰铢**

在涅盘寺对面，也是一个寺庙佛塔遗址，主佛塔基座上有很多大象、狮子和人类的雕塑造型，刻画精美，值得一看。

TIPS

第一天上午游览从东区开始，然后是中区，中午休息，下午游览南区，傍晚再回到中区看日落。第二天一早骑车去西区山顶观日出，然后趁早游玩北区。

超惠游 泰国

阁沙梅岛

"宁愿拒绝电影选景的荣耀,也要保持它与世隔绝般的纯净自然。"细微处营造出的自然之感,休闲而体贴的氛围,加上椰林树影、水清沙白的热带风光,轻而易举地就征服了每一个游客的心。这就是位于泰国湾的阁沙梅岛(苏梅岛)。由于每个月这里有200万颗椰子被运到曼谷,所以此岛又被称为椰子岛。与首都曼谷相隔约560千米、位于泰国湾的阁沙梅岛是全国第三大岛,面积247平方千米,周围有80个大小岛屿,其中只有4个岛屿上有人居住。

阁沙梅岛上海滩众多,处处水清沙白、精致迷人。在阁沙梅岛可以与爱人一起潜水、潜泳、划独木舟,或者一起架帆出海,享受海天一色的美妙景观。在阁沙梅岛的周边地区,还可游览安通国家海洋公园、阁帕岸岛、阁道岛和南园岛。

安通国家海洋公园
(Mu Ko Ang Thong National Marine Park)

🏠 Gulf of Thailand, Koh Samui 🚌 参加一日游是最方便的方式，岛上所有的旅行社、代理店都提供这一服务 ¥ 1 200～2 000泰铢不等

安通国家海洋公园建于1980年，为泰国第二个国家海洋群岛公园，位于阁沙梅岛以西9千米处，由42个大小不一的小岛屿组成，主要有卧牛岛、慈母岛等。这里以前是海军禁地，现成为海洋自然保护公园。石灰岩构成的悬崖峭壁、白色的沙滩、隐蔽的礁湖、茂盛的丛林及野生长臂猿，在少有人烟的小岛上随处可见。主要岛屿中有许多有名的岛屿，包括Ko Wua Ta Lap、Ko Mae Ko、Ko Prayat、Ko Sam Sao、Ko Nai Put等。虽然这个公园的总面积达250平方千米，但只有1/5是陆地。Ang Thong的意思是黄金碗。卧牛岛是安通国家公园总部所在地，总部前面是洁白的沙滩，适合游泳、划独木舟。附近也有钟乳石洞，钟乳石状似盛开的荷花。山中湖在慈母岛上，附近海域洁净透明，海洋生物丰富，各海岛遍布珊瑚礁与石灰岩，此外还有独特的蔚蓝咸水湖和石灰岩洞，它们为地质凹陷自然形成，是大自然的杰作。

被石灰岩包围的海水是另一个平静的天堂，很多游客都选择在这里划皮划艇或进行浮潜等活动。

省钱小助手

众多游客都会选择去安通海洋公园，在石灰岩的小岛旁进行皮划艇的活动。参与这项活动，最好的方式是通过旅行社参加一日游的行程。此外各个海滩都有出租皮划艇、摩托艇的服务。

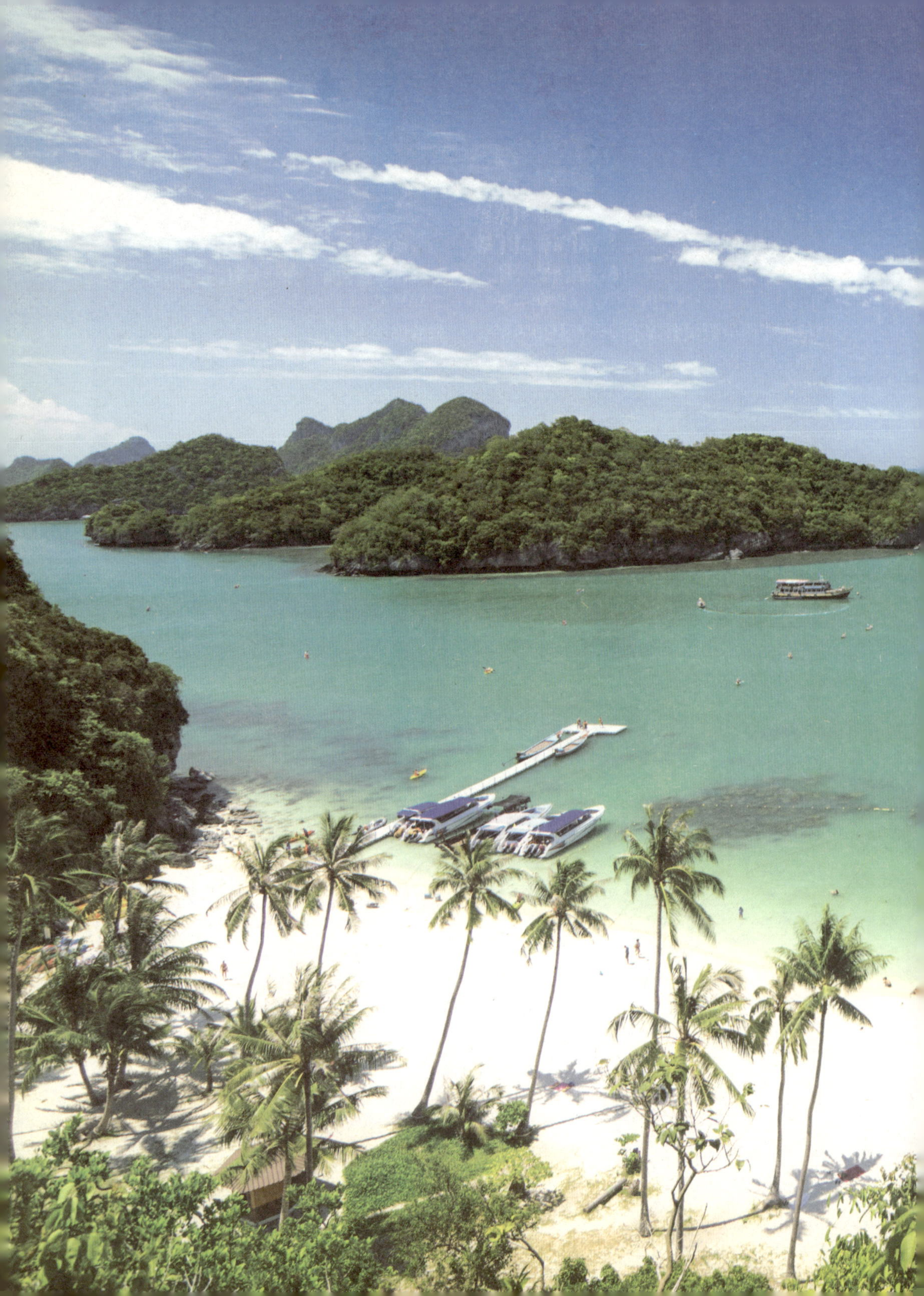

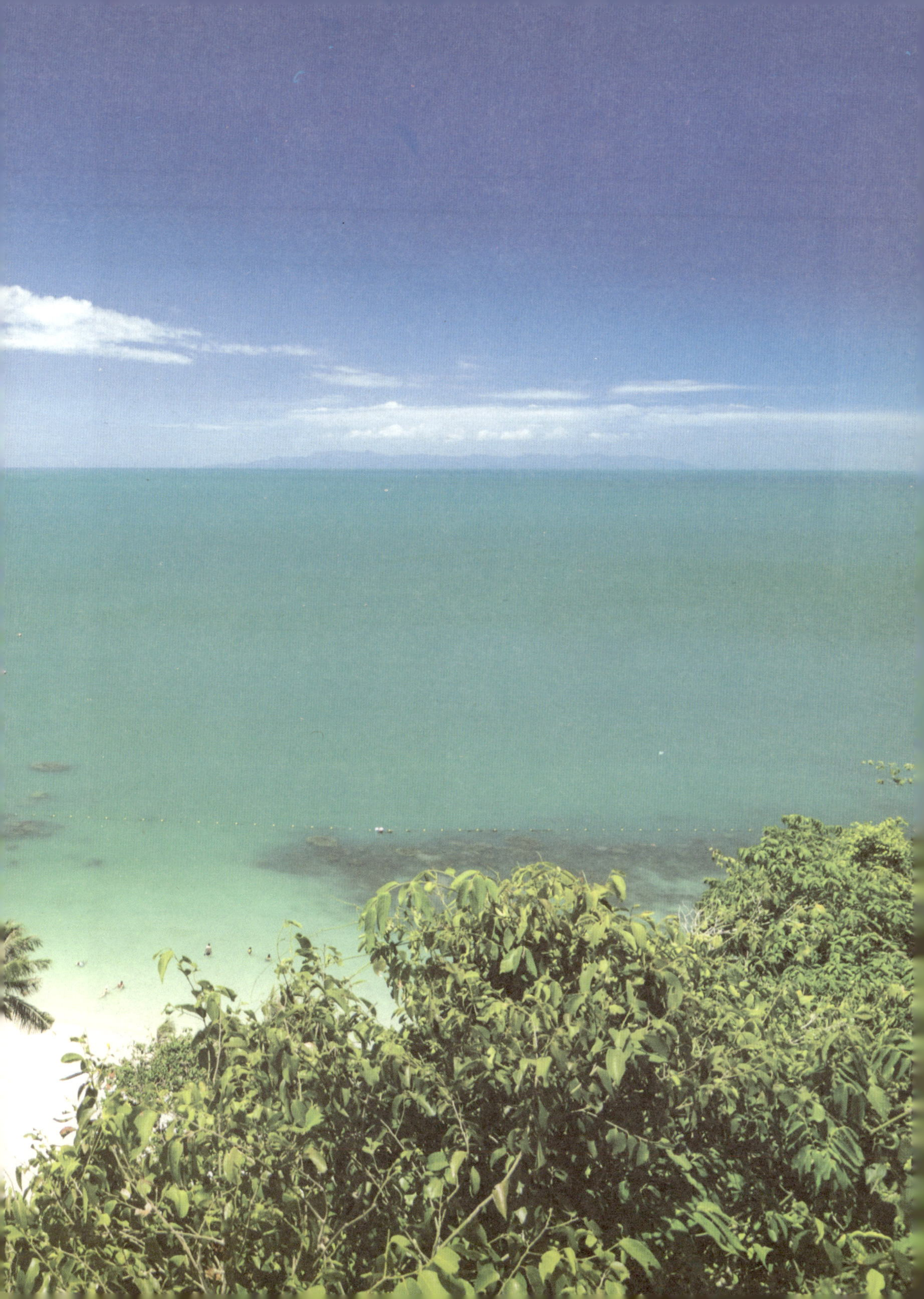

帕雅寺 免费
（Wat Phra Yai）

🏠 位于阁沙梅岛的东北部，机场附近

帕雅寺是阁沙梅岛上出名的地标和景点。寺庙内有一尊高 15 米的金色大佛像，雄伟壮观。无论你从哪个角度接近阁沙梅岛，都能一眼先看到这尊高大的佛像。

坤朗寺 免费
（Wat Khunaram）

🏠 Th Ban Thurian 路和 Th Ban Hua 路之间的 4169 号公路旁 🕒 8:30-19:00

这个寺庙位于阁沙梅岛南部，以供奉着一位得道高僧的真身而出名。这位名叫 Luang Phaw Deang 的僧人在 20 世纪 80 年代末圆寂，但时至今日他的法体依然完好，皮肤均已腐烂，但仍保持着打坐的姿态。

祖父祖母石
（Hin Ta And Hin Yai） **免费**

🏠 拉莱海滩的最南端

在阁沙梅岛东南海岸有两块岩石，被泰国人称为祖父祖母石。祖父石直直地矗立在岩石上，祖母石则远在百余米之外，隐没在波涛汹涌的大海中，只有在退潮时方可清楚地看见。由于周围散布着众多的大石头，这里也是喜欢晒日光浴的游客经常来的地方。通往祖父祖母石的小路也是一条购物街，这里的椰子产品值得购买，如椰子软糖和椰子壳制品等。

泰国好好玩 · 曼谷 · 大城 · 芭堤雅 · 阁昌岛 · 华欣 · 华富里 · 佛统 · 北碧 · 清迈 · 清莱 · 素可泰 · 阁沙梅岛 · 普吉岛 · 甲米 · 合艾 · 董里

143

阁沙梅岛的海滩
（Koh Samui Beach）

免费

阁沙梅岛的海滩是它最吸引人的地方，所有的沙滩大多都被开辟为酒店、度假村、酒吧、餐馆等，公共的沙滩很少。阁沙梅岛的海滩主要分布在岛的北部、东部以及南部。查汶海滩绵延6千米，这个月牙形的海滩环境十分优美，也是岛上酒店和各种娱乐设施最多的地方。拉迈海滩位于查汶海滩的南面，也有不少娱乐设施。

查汶海滩 Cha Weng Beach

这里是阁沙梅岛上最长、最热闹和最有名的海滩了，柔软的细沙和大海互相映衬着。这里随处可见丰富的海上娱乐设施，各种各样的活动充满着冒险和刺激。查汶海滩是阁沙梅岛的中心地带，这个靠着海岛东岸的海滩上集中了岛上大部分酒吧、步行街、商店等，也是游客必到的一个海滩。

细白的沙滩绵延2.5千米长，海面上风浪不大，是玩帆船及游泳的最佳地点。

拉迈海滩 La Mai Beach

虽然海岸线并不长，但是拉迈海滩依旧是游客非常喜欢的海滩之一。透明的海水和新鲜的椰子林、香蕉林相映成趣。这里的环境非常安静，很有一股原始味道，但一到晚上，酒吧、餐厅和娱乐场所都会点亮七彩的灯光，吸引着游客前来。

波菩海滩 Bophut Beach

海滩只有2千米的长度，但是不影响水的清澈和细沙的洁白，风景美是这里的特色。这里是岛上最古老的定居之地，从前是一个渔村，是欣赏日落最好的地点，如今依然可以在这里找一家美味的餐厅，尽情品味美食、欣赏美景。

湄南海滩 Mae Nam Beach

湄南海滩被环抱在一个漂亮的海湾里，

TIPS

来阁沙梅岛，最不能错过的就是SPA。经过多年的发展，SPA也成为阁沙梅岛的一项热门产业，在这里的所有酒店中均有各种SPA指南，指南上有SPA店的电话、地址，大多数SPA店均有接送客人的服务。一般的泰式按摩每小时200泰铢，酒店中的价位会高一些，为1500泰铢起。

Magnolia SPA

该店位于查汶海滩，有免费接送车，价格适中。
🏠 21 Moo 2; North Chaweng, Bophut
☎ 0-77601133
¥ 90分钟的精油SPA大约1000泰铢起，在优惠的时候有850泰铢的价格

Luxsa SPA

非常著名的水疗SPA场所，位于波菩海滩。
🏠 101/28 Moo 1 Hansar Samui Resort & Spa Hotel, Bophut
☎ 0-77245511

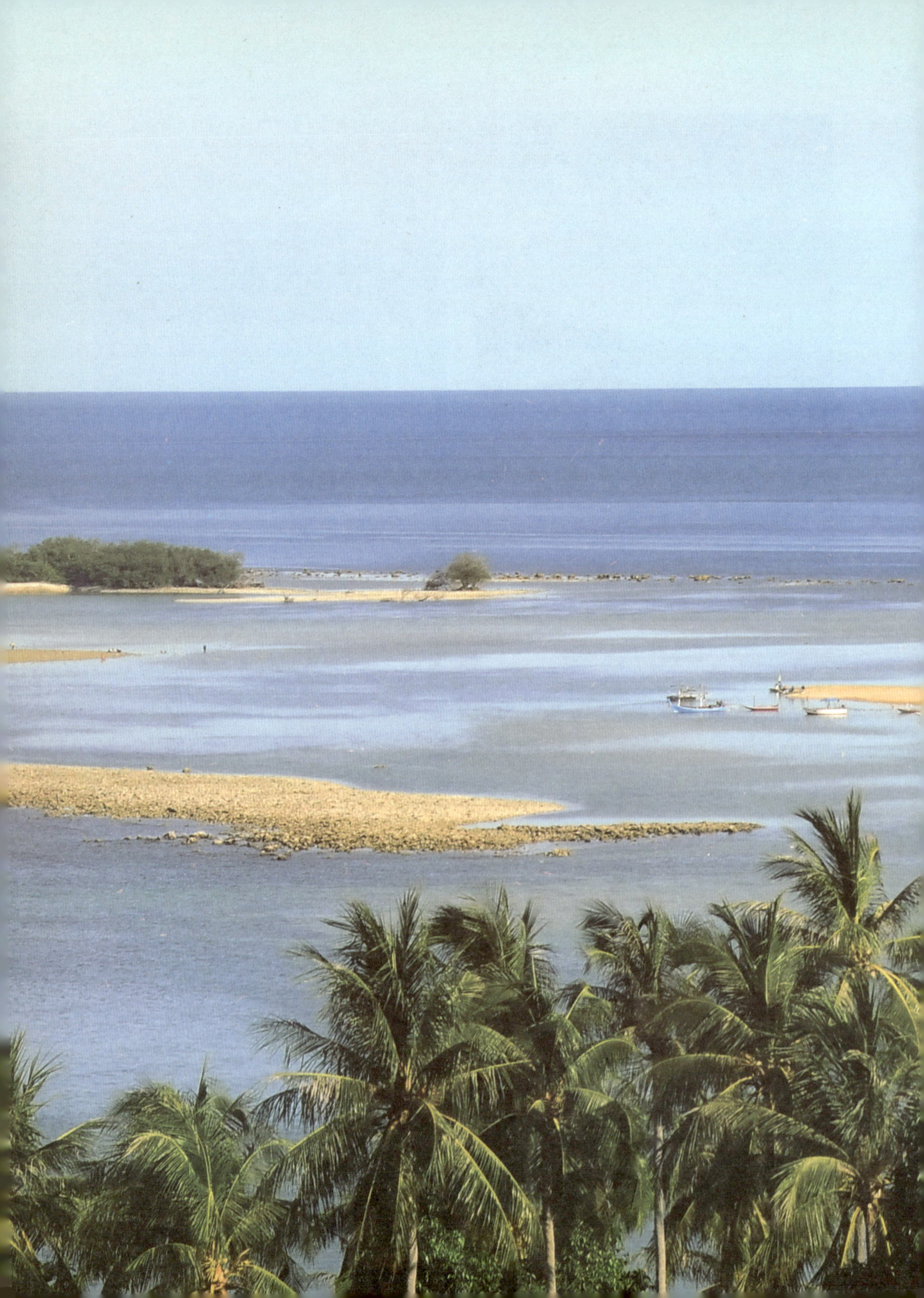

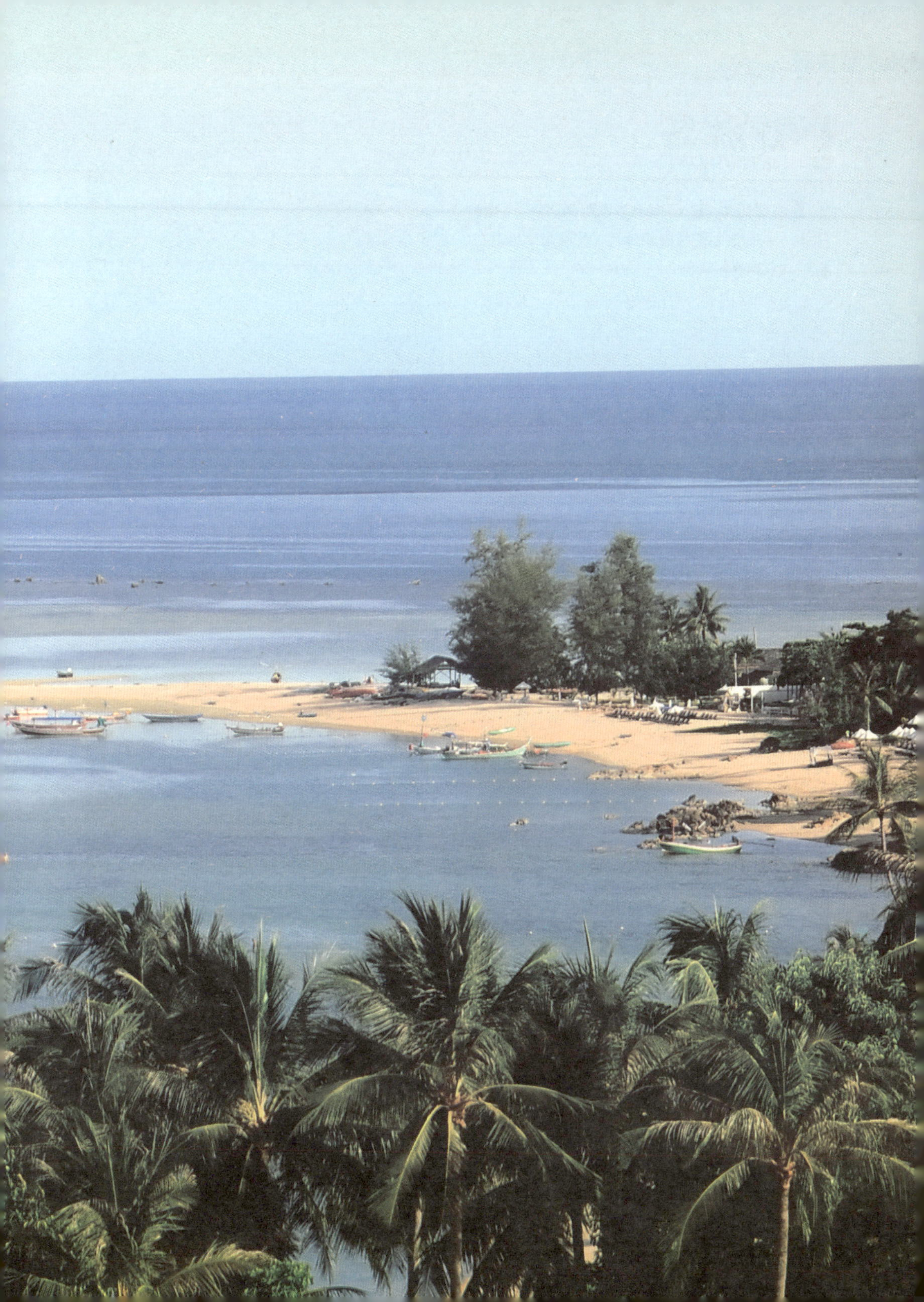

阁帕岸岛
（Koh Pha Ngan）

🚌 在波菩码头（Bo Phut）与湄南码头（Mae Nam）均有渡船前往阁帕岸岛，行程半个小时左右 ¥ 200泰铢

　　阁帕岸岛位于阁沙梅岛的北部，坐渡船半个小时即可到达。这个看似普通的小岛，却是世界三大电子音乐沙滩派对圣地之一。每个月满月的日子（中国农历十五），阁帕岸岛都会举行盛大的满月派对，有超过2万名年轻的背包客来到岛上的哈林海滩，迫不及待地脱掉鞋子，在又细又软的白沙滩上尽情跳舞狂欢到第二天。

TIPS

Beyond The Blue Horizon Resort

　　有海景房和游泳池，是岛上人气较高的度假村。

🏠 89/19 Moo 8 Haad Chao Phao Haad Son /Sri Thanu, Koh Phangan

¥ 1 000泰铢起

阁道岛
（Ko Tao）

免费

📖 从阁沙梅岛到阁道岛需要坐船，时间大概两个小时，有Lomprayah和Seatran两家公司运营的船，航行时间大概一致。具体信息请参考阁沙梅岛岛内交通部分

阁道岛也叫龟岛，岛的轮廓像一只乌龟，Tao在泰语中就是乌龟的意思。阁道岛是暹罗湾中最棒的潜水地点，这里有丰富的海洋景观，不论是潜水还是浮潜都是一种享受。阁道岛人烟稀少，常常能够享受到一人独自拥一整片沙滩的奢侈体验。这里也是学习潜水执照的地方，每年都有来自世界各地的人们来此学习潜水、考取执照。

TIPS

每年来阁道岛学习潜水的人络绎不绝，近年来阁道岛的潜水机构也出现了很多中国教练。大多数人都是学习PADI（Profesional Association of Diver Instructor）国际专业潜水教练协会的课程，并考取执照。PADI每年发出超过50万张的潜水执照，是世界上最大的潜水训练机构。PADI的训练课程不但持续改进以适合潜水人员的需要，并且还将潜水活动的修正及更新考虑在训练课程当中，此外，由PADI创立的A.W.A.R.E海洋环境保护长期计划，不仅教导潜水人员注意环境保护，而且能训练潜水人员成为一位具有责任感的潜水员。PADI的所有训练课程在世界各地都具有相同的严格标准，这也是PADI训练系统的最大优点，不论潜水员在何处受训，其所学习的技巧与理论都是相同的，唯一不同的只是学习的环境。在阁沙梅岛学习初级的OW潜水课程大约是9800泰铢起，课程时间为5天半。

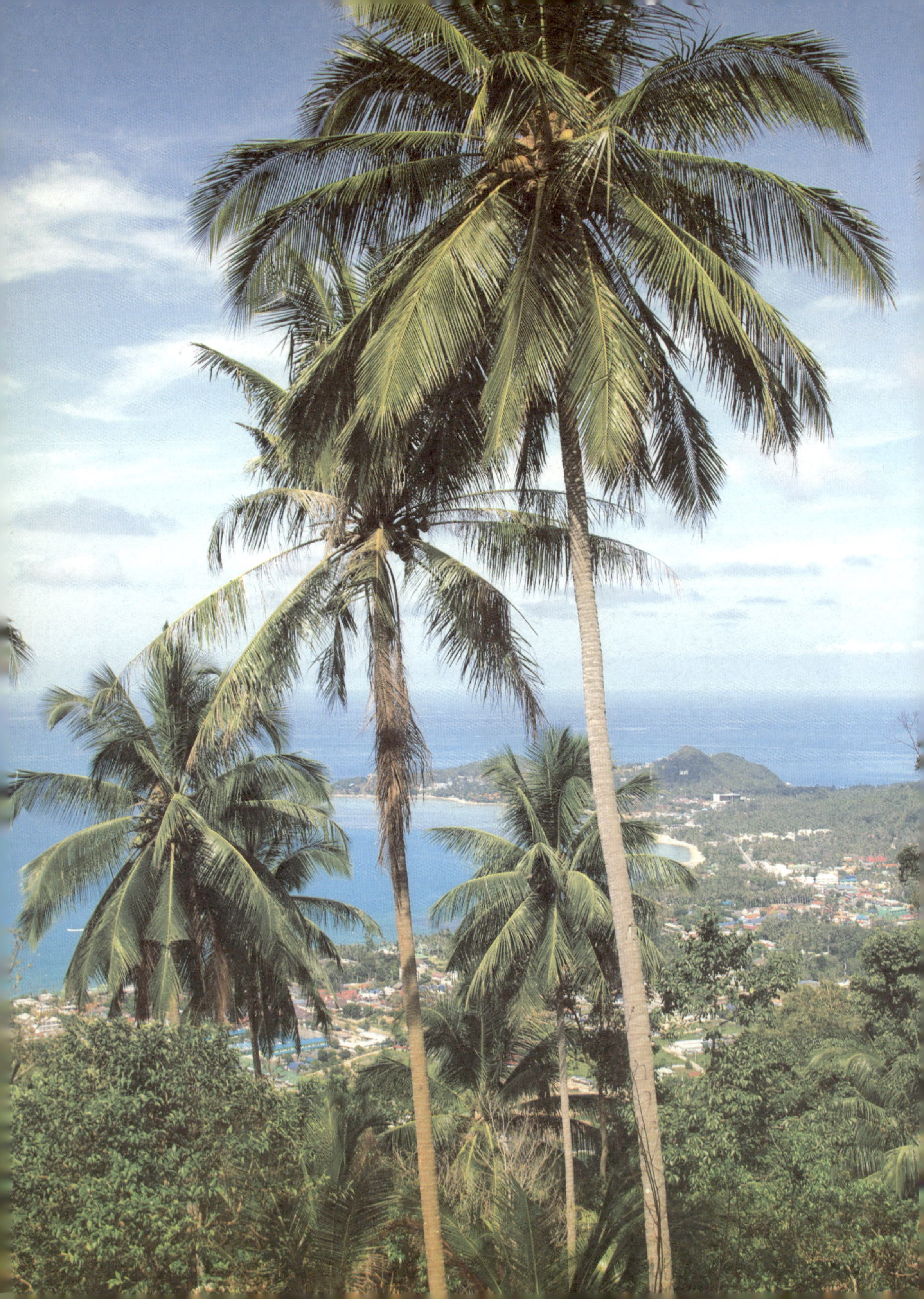

南园岛
（Ko Nang Yuan） **免费**

¥ 如果你没有在岛上住宿，要交100泰铢上岛费；岛上出租躺椅的价格是100泰铢，不限时 🚌 1.如果住在阁沙梅岛或阁道岛，可以找代理，参加阁道岛—南园岛的一日游。也可以自己坐Taxi Boat前往（往返200泰铢，需要预约时间）2.如果住在阁道岛，并且也会住在南园岛，每天有3班免费船往返两岛。阁道岛→南园：10:30、15:00、18:00；南园→阁道岛：8:30、13:30、16:30

来到南园岛，可以真切地感受到这是一个天堂小岛。南园岛由3座岛屿组成，退潮的时候细白的沙滩露出来，成为白海堤连接这几个岛屿。白海堤的两边是清澈湛蓝的海水，沙滩的层层退海以及光照的角度，让海水呈浅绿、深绿、蓝、深蓝等不同的色彩。

南园岛环岛游一般包括6个点的浮潜，提供冰水、咖啡、水果和午餐。费用取决于从哪里出发，从阁道岛出发大约需650泰铢。

TIPS

Nang Yuan Dive Resort

这是南园岛上唯一的一家酒店，家具、装饰都以木制或竹制为主，走自然风路线，设施不豪华却很舒适，与周围景色融为一体。最便宜的风扇房一晚费用1500泰铢。可在网上预定，有中文界面。

🏠 46 Moo 1 Nangyuan Island T.Koh Tao
🌐 www.nangyuan.com
¥ 1500泰铢起

普吉岛

在泰国，最负盛名的度假胜地就是大名鼎鼎的普吉岛。普吉岛是泰国最大的岛屿，也是泰国最小的府。这里有迷人的风光和丰富的旅游资源，被称为"安达曼海上的一颗明珠"。清澈的海水与细腻的海滩从北到南环岛分布，这里有芭东海滩热闹的夜生活，还有从小木楼到豪华酒店一应俱全的住宿设施；有茂密的热带雨林，也有神秘而又美丽的周边岛屿。同时这里还是时尚的国际购物中心。普吉是全世界游客来泰国度假的首选之地。

普吉岛坐落于本身属于印度洋一部分的安达曼海（Andaman Sea）上，是一座南北较长（最长处48.7千米）、东西稍窄（最宽处21.3千米）的狭长状岛屿，位于泰国南部。普吉这个名字的历史可以追溯到1025年，该岛当年的名字Manikram在泰米尔语中是水晶山的意思。但是，普吉还有另一个更知名的旧名Junk Ceylon，源自于3世纪亚利山卓图书馆中的著名的学者托勒密，他曾在著作中提及，如果想要从中南半岛一带（当时他称为Souwannapum）前往马来半岛，会经过一个叫Jang Si Lang的驿站，这是西方文献中最早提及普吉的。在中国，清代的谢清高在其著作《海录》中称此地为养西岭。

普吉岛最有名的历史古迹是为纪念女英雄Thao Thepkrasattri和Thao Sisunthon而建的雕塑，她们曾在1785年团结岛民共同抗击缅甸侵略者。

普吉岛的海滩和岛屿
（Phuket Island Beaches and Islands）

免费

在这个较为狭长的岛屿上，分布着细腻的白沙滩，沙滩从北到南，一直绵延到坚硬的海岬。普吉岛具有代表性的海滩主要有芭东、卡伦、卡塔海滩，这些海滩都非常适合开展各种水上运动，同时也是各种高级酒店以及岛上时尚购物中心的所在地。

芭东海滩 Patong Beach

芭东海滩是普吉具有代表性的大海滩，波浪平稳适宜游泳，周边集中了很多小旅馆、饭店、购物中心和礼品店。位于中心的邦拉路（Bang-la Road）周边有无数的酒吧，丰富的夜生活使人流连忘返。芭东沿海3千米新月形的海滩上遍布旅馆、超市、购物中心和各种娱乐设施，吃喝玩乐，样样齐全。

卡伦海滩 Karon Beach

卡伦海滩位于芭东海滩的南面，是一个狭长的海滩。相对于芭东海滩来说，这里比较安静，在沙滩上走过时还能听到"啾啾"的响声。在海滩边上有20多家酒店。除此之外，在卡伦的大街上也有许多酒店，而且餐厅、酒吧、商店也是应有尽有，觉得芭东海滩过于喧哗的游客可以来这里度假。

卡塔海滩 Kata Beach

卡塔海滩被一个小的海峡一分为二，两部分分别被人称为大卡塔、小卡塔。卡塔海滩以风平浪静、海水清澈、适合休闲和潜水等特点，吸引着众多游客前来。在卡塔海滩的北部还有一个小的珊瑚礁，也非常适合潜水。

拉崴海滩 Rawai Beach

拉崴海滩位于普吉岛的最南端。这里的海水中混有沙子和少量的泥，而且经常会有船开来开去，所以不适合海水浴。但是，这里海边的景色十分优美。在沿海的餐厅里可以一边品尝美食，一边欣赏美景。而附近的开奥崖岛和珊瑚岛则是浮潜的好去处。

TIPS

卡塔海滩南端是一条酒吧街，和芭东海滩喧闹的酒吧相比，这里更为安静，酒吧里的饮料口味相对清淡，背景音乐也更休闲。如果你想要痛饮，大声喧嚣，看各种现场表演，那么在整个卡塔比较适合的就只有在北端的少数几家酒吧了，其中较为出名的一家是 Kata Night Bazaar。

奈汉海滩 Nai Harn Beach

这里虽然没有豪华度假区的感觉，却显得小巧、亲切，在海滩的两端有山，登上山顶后可以清楚地看到海滩的全景。在南端的山上，还能看到美丽的夕阳。

卡马拉海滩 Kamala Beach

虽然卡马拉海滩就位于芭东海滩的北边，不过必须越过一座山。那里十分幽静，环境极佳。海滩旁有几间旅馆，附近有村落、餐厅、租车店等。

潘西海滩和素林海滩 Pansea Beach & Surin Beach

素林海滩位于卡马拉海滩的北侧，两个海滩中间隔着辛海峡。这里同卡马拉海滩一样环境优美，风景如画。尽管危险的暗流使得游客在这里游泳可能不那么尽兴，但是这两处海湾风景如画，是欣赏美景的好地方。

神仙半岛 Promthep Cape

这里是普吉岛的最南端，位于距市区18千米的朋帖海岬，在泰语中的意思为上帝的岬角。在半岛的山顶供奉着四面佛，因此当地人也称它为"神仙半岛"。昔日航海家从大陆往马来西亚半岛行驶时，无意间发现此地，由此这里成为航海家和船员熟知的地点。这里是海上永恒的灯塔，在这里可以欣赏到普吉岛最美的日落。神仙半岛在拉崴海滩以南2千米处。

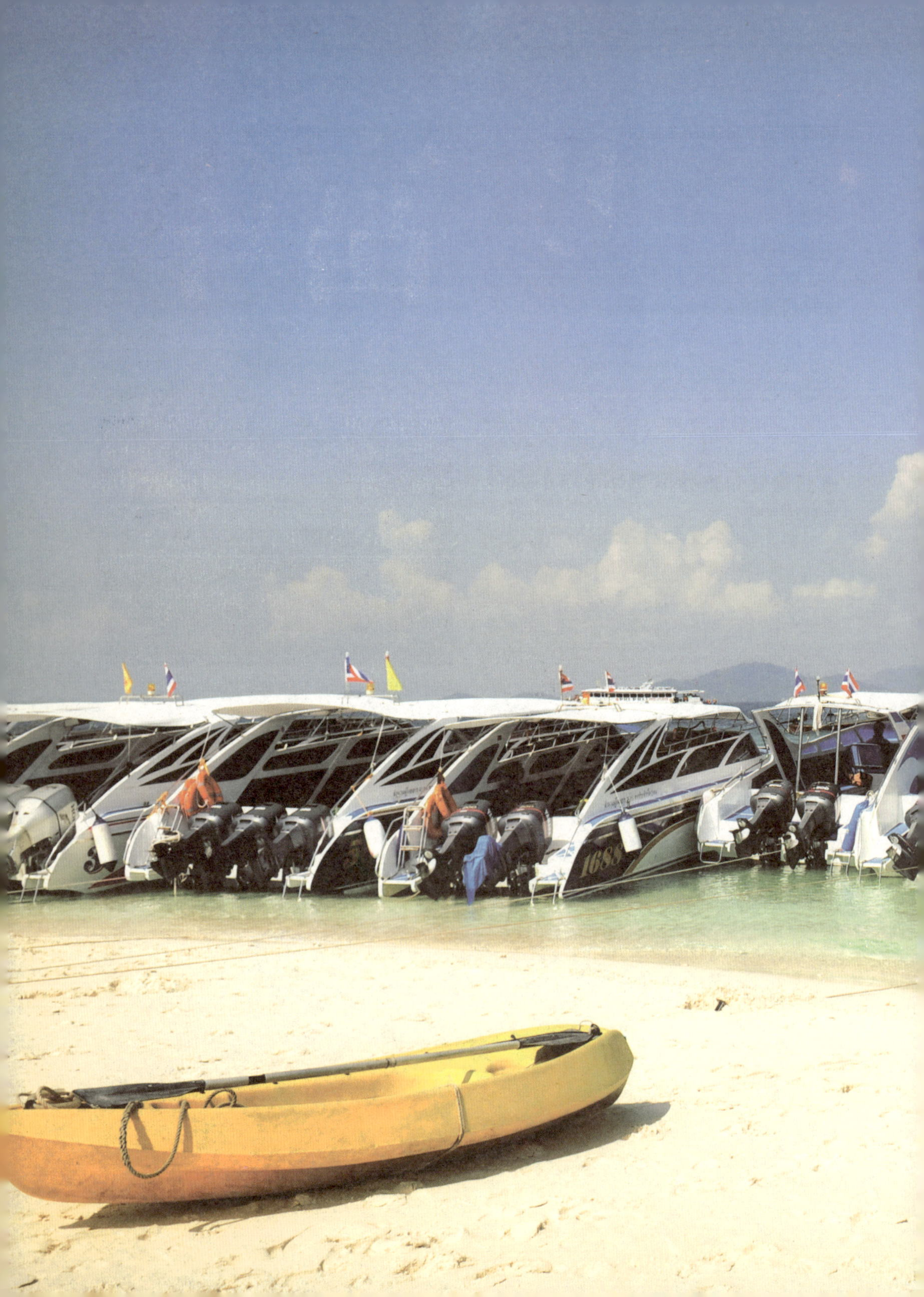
1688

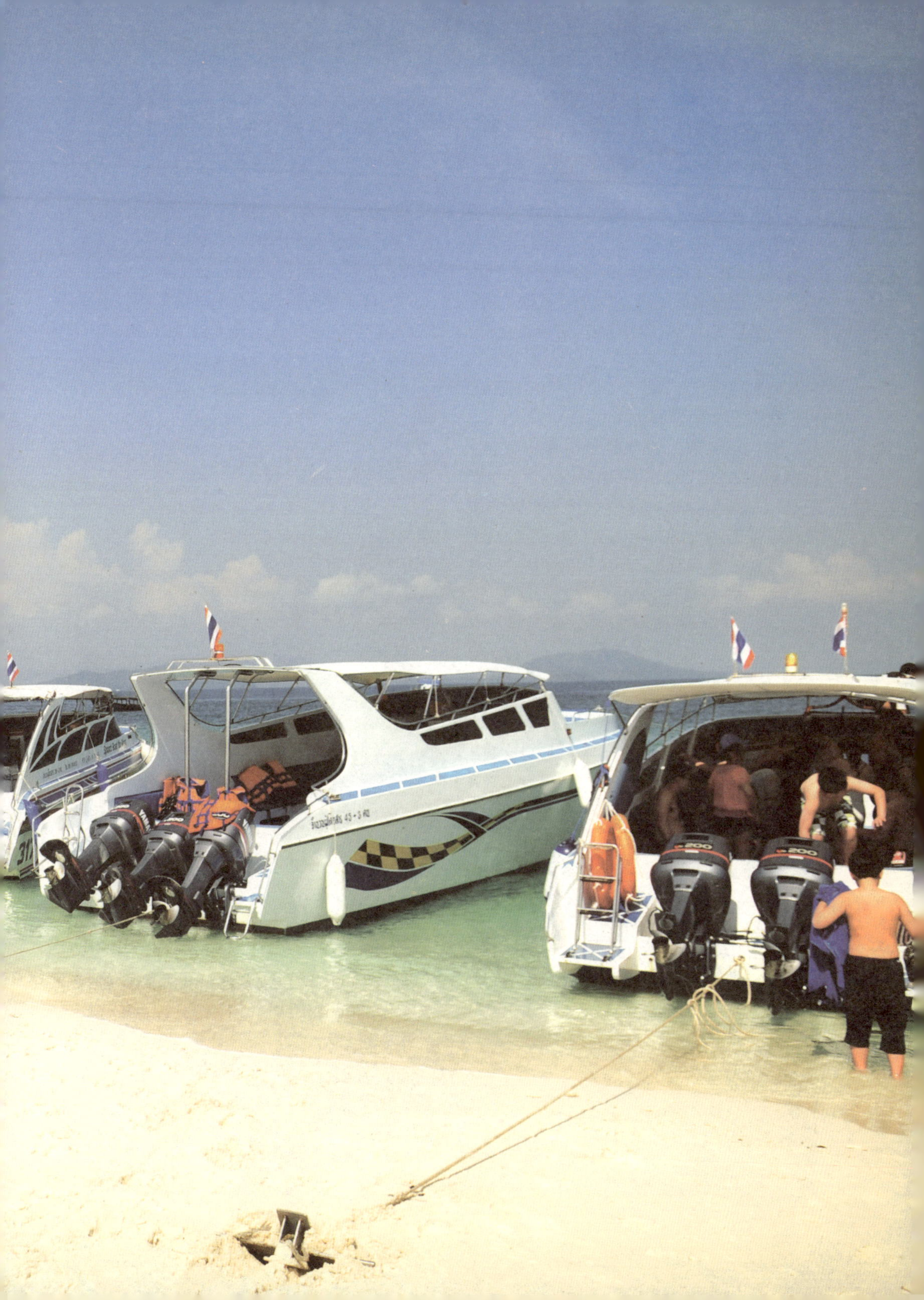

普吉镇（Phuket Town） 免费

普吉曾经是一个以橡胶树、锡矿和嗜钱如命的商人而闻名的岛屿。普吉吸引了大量来自阿拉伯半岛、中国、印度和葡萄牙的商人，他们相继在这里建立自己的地盘，并且成为这个岛的主人，这里也因各种文化的融合碰撞而形成了多彩多姿的文化氛围。因此，极具风情的普吉除了是这个岛屿的历史缩影，也是体验不同文化的独特的旅游地。

普吉历史悠久的中葡式建筑是这个城市里最值得人们欣赏的一道风景。主要的街道有甲米路（Krabi Road）、沙敦路（Satun Road）、泰朗路（Thalang Road）、迪布街（Dibuk Road）等。漫步于此，门牌上的中国文字和各式装饰，令人有一种走在中国岭南的感觉。普吉最具标志性的建筑有：老城的标志建筑钟楼；渣打银行（Standard Chartered Bank）大楼，这也是泰国最古老的外资银行；泰国国际航空公司办公大楼（THAI Office）；邮政老楼，现在已经改建为普吉集邮博物馆（Phuket Philatelic Museum），免费入馆，开放时间 9:30-17:30，是集邮爱好者参观普吉的首选地。迪布街和泰朗路两旁矗立着当地现存最完好的建筑。

一座座中国寺庙给这个城市添了些许异域风情。大部分建筑都很典型，但位于 Th Phang Nga 路尽头 50 米处、邻近曼谷商业

银行的 Shrine of the Serene Light（开放时间 8:30-12:00，13:30-17:30）在众多寺庙中可谓鹤立鸡群。墙上有道教的蚀刻板画，拱形的屋顶已经被熏香熏黑了，贡桌上则摆放着鲜花和燃烧的蜡烛。神龛已经被重新整修，据说是19世纪80年代中期由当地的一个家庭出资修建的。

Phra Phitak Chyn Pracha 公馆的同名主人在20世纪初拥有几家锡矿。今天这个淡赭色的房子已经被遗弃，等待着一位泰国的"斯佳丽"（Scarlett O'Hara）来入住。铁门是打开的，因此你可以自己进去冒险。假如你真的进了门，可能会听到狗叫，不要担心，它们也许只是在对"鬼魂"咆哮呢。

TIPS

爬上位于城中心西北部的琅山（Rang Hill），便可将普吉全景尽收眼底。日落时分平静的山景是非常迷人的，在山顶餐馆里一边享受美食，一边欣赏大海美景，一定会令你心旷神怡。很多人都说，普吉这个名字源自于马来西亚语"山"（Bukit），而山也许就是普吉得名的原因吧。

女英雄雕塑
（Thao Thepkrasattri &Thao Sisunthon）

免费

🚌 女英雄纪念碑坐落于普吉岛城中，可在岛上乘坐出租车直接到达

在普吉中心的转盘处有一座女性雕像，这就是普吉岛最有名的历史古迹，是为纪念女英雄 Thao Thepkrasattri 和 Thao Sisunthon 而建的雕塑，她们曾在1785年团结岛民共同抗击缅甸侵略者。

普吉幻多奇乐园
（Phuket Fantasea）

🏠 99 Moo3, Kamala, Kathu 🚕 从芭东海滩乘坐出租车或嘟嘟车前往约10分钟。另外，乐园的全岛酒店接送服务为每人300泰铢。普吉镇上旅行社一般都会代理幻多奇乐园的门票和岛内所有酒店到乐园的接送服务；普吉机场到幻多奇乐园23千米左右，可打车，时间大概30分钟 🕐 16:30－23:00（周四休息）；其中表演时间21:00－22:20

💴 表演加自助晚餐票价为成人1 900泰铢，4～12岁儿童1 700泰铢。表演票价1 500泰铢。自助餐票价为成人800泰铢，4～12岁儿童600泰铢。4岁以下儿童免费，但不单独提供座位。剧场内中央地带"金席"座位加价250泰铢 ☎ 0-76385000 🌐 http://www.phuket-fantasea.com

受到泰国的丰富遗产和异国情调的启发，普吉幻多奇乐园不仅展示了泰国的魅力，而且以非凡的尖端技术和特殊效果丰富了古老泰国的传统文化。基于此，占地56万余平方米的主题乐园有着各种活动和娱乐设施，包括一个集娱乐嘉年华、游戏、手工艺品及购物为一体的节日村；一个能容纳4 000人的餐厅，提供泰国本土和国际美食自助大餐；一场令人激动的拉斯维加斯风格的晚会演出，运用最先进的技术和特殊效果强调了泰国的美丽和神秘，奇妙的魔术盛会带给每个人无限的快乐。

大佛
(Buddha) 免费

🏠 On the Top of Nak Kerd Hill, Karon

这座大佛像坐落在 Chalong 环道西北的山顶上,从那里可以望见大半个岛,可以说是普吉岛最好的观景点。前往那里需要沿着主要公路(Hwy 402)红色的标记前进,并走过崎岖的乡间公路,其间还要穿过梯田式的香蕉林和混乱的丛林。一旦你到达山顶,你就会对帐篷状的金色神殿肃然起敬。宏伟的博物馆包括 5 个展厅,按照年代顺序展示了多个主题,例如 Thalang 的历史和安达曼沿海地区的历史等。博物馆中最令人惊讶的是 2.3 米高的毗瑟挐,它的历史可以追溯到 9 世纪,是 20 世纪初在 Takua Pa 发现的。

皇家野生动植物和森林保护区
（Khao Phra Thaeo Wildlife Sanctuary）

免费

🏠 Thepkasatree Thalang, Phuket 83110 Thailand ☎ 0-76311998

普吉岛不是只有海和沙滩。位于普吉北部的皇家野生动植物和森林保护区是一片占地22平方千米的热带雨林。优美的田园风光点缀着悦耳的瀑布声，显得更加清爽。这里野生动物资源丰富，包括熊、豪猪、长臂猿和100多种鸟类。保护区还为大自然爱好者们设置了专门的行走通道。

保护区内有美丽的瀑布，特别是 Ton Sai 瀑布和 Bang Pae 瀑布。每年7—11月的雨季是观赏瀑布的最佳时间，旱季的瀑布则少了飞流直下的俊美之感。保护区的最高点是 Khao Phra，高442米。鉴于皇家的尊贵地位，这个保护区受到了比其他泰国国家公园更高规格的礼遇和重视。

普吉长臂猿保育中心
(Phuket Gibbon Rehabilitation Centre)

🏠 Nok Ta Kaeo Si Sunthon, Thalang, Phuket 83110 Thailand ☎ 0-76260492
🌐 www.gibbonproject.org

　　这个以志愿者为主体的中心，负责为人工养育的长臂猿找到配偶，然后逐步放生。在这些长臂猿能够独立觅食并能独立交配后，它们就会回到附近的丛林里。一旦获得自由，它们会以每小时25千米的速度在枝头上穿行，寻找水果、坚果、昆虫和蜥蜴作为食物。

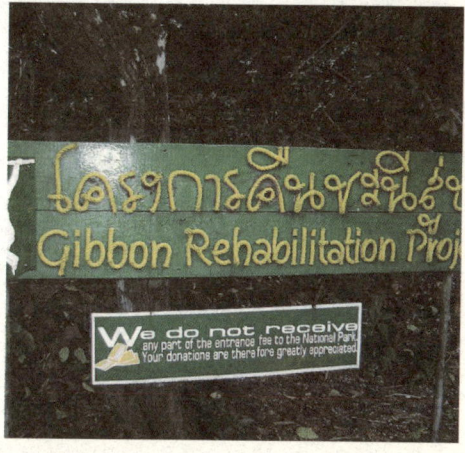

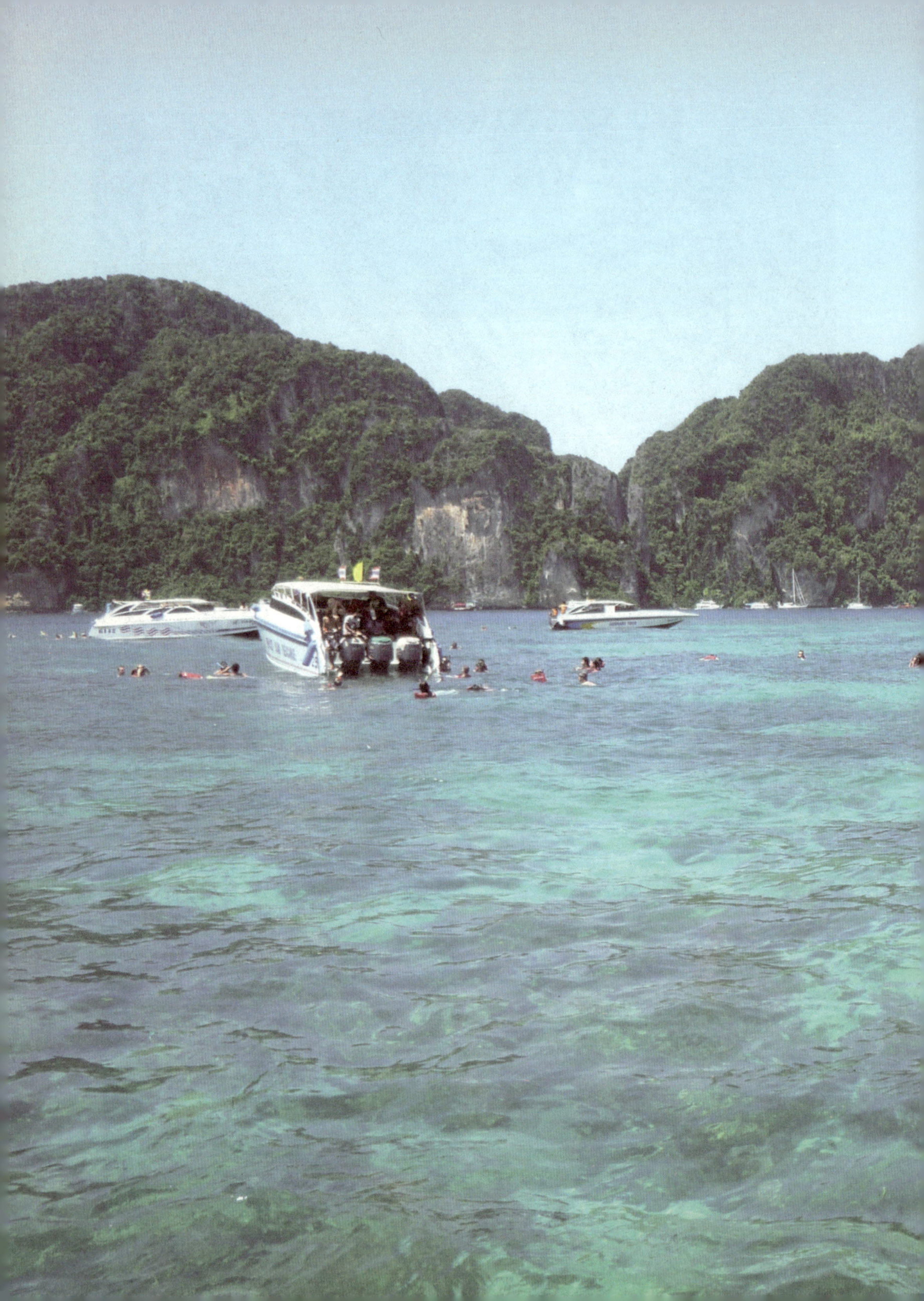

普吉岛水族馆
（Phuket Aquarium）

🏠 从 4021 号公路向南，在普吉镇外转向 4023 号公路即可到达 ☎ 0-76391126 ¥ 成人 100 泰铢，儿童 50 泰铢 ⏰ 8:30-16:00

在 Laem Phanwa 顶端的普吉水族馆展出各种各样的热带海洋鱼类和其他一些海洋生物。馆内总共有 32 个大水箱可以让你体验水下世界，有一条水下通道从中穿过。

普吉岛蝴蝶园和昆虫馆
（Phuket Butterfly Garden & Insect World）

🏠 71/6 moo 5, Soi Paniang, Yaowarat Road, T.Rassada Muang
☎ 0-76215616/76210861 ⏰ 9:00-17:30
🌐 www.phuketbutterfly.com

这里距离普吉镇 3 千米，有很多吸引人的热带生物标本，如蝴蝶、昆虫等。所有这些都是在自然环境下展示的。

165

甲米

沿着安达曼海继续往南，在大海的边缘生长出的巨大石灰岩体，犹如海上丛林，又宛若《阿凡达》电影之中的哈路利亚山。在湛蓝清澈的海水之下，常常可以透过阳光看见细腻的白沙，船的影子似乎能倒映在海底。海边的红树林、高大的石灰岩，在这安达曼海上，甲米是另一个天堂。甲米的周围零星散落着30多个离岛，如珍珠般点缀着这片海域，这里到处诗情画意，美不胜收。喜欢攀岩的游客更可以在这里一展身手。甲米拥有许多风光旖旎的岛屿和浓厚的本土文化，它丰富的植被和动物种群也闻名遐迩。

甲米位于泰国西南，地处马来半岛北部甲米河口，西临安达曼海。公路北通攀牙，南至董里，并可连接泰南铁路支线的会尧。沿海轮船可通往普吉、攀牙、董里等地。

奥南湾（Ao Nang） 免费

🏠 Tambon Ao Nang, Chang Wat Krabi

距离甲米约 20 千米的奥南海滩是甲米最热闹也最有名的海滩，这里生活设施便利，出行方便，大部分来甲米旅游的游客都聚集在此，类似于普吉岛的芭东海滩。奥南海滩白色的沙滩延伸到非常著名的石灰石山脉的山脚，而便利的生活设施吸引了大量欧洲游客，让奥南看起来像个欧洲小镇。这里是希望过个宁静中带点热闹的悠长假期的游客们的首选。这里是甲米的海岸交通中心，旅游者可以从奥南海滩租船游览附近的景点。从甲米机场出来，有票价 150 泰铢的机场接驳车，约 30 分钟可到奥南海滩。从奥南海滩坐嘟嘟车到甲米的中心约 40 泰铢 / 人。作为甲米最热闹的旅游海滩，这里餐饮、住宿、商店密集，各种服务设施齐全。

TIPS

甲米各种巨大的石灰岩岩壁是全世界攀岩爱好者的欢聚之地。甲米的 54 处攀岩区域和百条运动攀登路线集中在 Railay 半岛和 Tonsai 半岛。Railay 半岛没有常住居民，只有游客。这里青山碧海，游客可以听天籁晨响、看落霞满天，享受宛如交响乐般的辉煌与华丽。Tonsai 半岛上集中了全泰国运动攀登最难的线路。在甲米，最容易的线路区域是 ONE-TWO-THREE，这里有许多难度系数为 5 的线，非常适合初学者。最难的线路区域在 Tonsai。自 2003 年开始，当地举办攀岩节活动，吸引了众多攀岩爱好者前来参加。在这里参加攀岩课程的费用一般是 1000 泰铢 / 半天，有很多专业的公司提供攀岩的设施和培训。

泰国好好玩 · 曼谷 · 大城 · 芭堤雅 · 阁昌岛 · 华欣 · 华富里 · 佛统 · 北碧 · 清迈 · 清莱 · 素可泰 · 阁沙梅岛 · 普吉岛 · 甲米 · 合艾 · 董里

莱利海滩
（Railay Beach）

免费

🏠 Ao Nang, Mueang Krabi District

　　莱利海滩分为东莱利、西莱利以及帕囊（Phra Nang）3 个海滩，整体面积较小，从东莱利走到西莱利或帕囊也就 10 分钟的时间。莱利海滩以攀岩闻名，有众多的岩壁和岩洞。沙滩就分布在岩壁下，别有一番风味。东莱利为码头，没有沙滩，这里属于淤泥滩，特别是在退潮期间。海滩的一端被红树林覆盖是东莱利最大的亮点。西莱利沙滩面积稍大，是游客比较集中的地方。帕囊海滩面积也不大，位于岩壁下方，有一座钟乳石洞穴，里面供有一座女神像，能保佑船家平安归来。整个帕囊海滩有种世外桃源的感觉。

阁披披岛
（Ko Phi Phi Don）

免费

🏠 Koh Phi Phi, Krabi, Thailand 🚌 在普吉的旅行社预定船票，可乘坐旅行社的小巴车（Mini Bus）直达码头，普吉的诗里岛码头（Ko Sirey）、马堪湾码头（Makham Bay）、查龙湾码头（Chalong Bay）都有船只开往阁披披岛，航行时间约2小时；在甲米市区，有小巴车和出租车前往海边码头，可以在赵发码头（Jao Fa）和 Ao Nopparat Thara 码头乘船前往阁披披岛

💰 从甲米坐船"Ao Nang Prienccse"的费用为500泰铢，儿童300泰铢（含酒店接送）。从大阁披披岛可以包长尾船（Long Tail Boat）到小阁披披岛浮潜，一船2～4人，3小时600泰铢起

美国电影《海滩》中那个迷人的海岛，就是位于普吉岛与甲米之间的阁披披岛。1983年，阁披披岛被定为泰国国家公园。这是一个深受阳光眷顾的地方，柔软洁白的沙滩，宁静碧蓝的海水，鬼斧神工的天然洞穴，以及未受污染的自然风貌，使得它从普吉岛周围的30余个离岛中脱颖而出，一举成为近年来各国游客纷纷前往的度假胜地之一。

阁披披岛国家海洋公园主要由6个岛屿组成，最主要的岛屿是大阁披披岛和小阁披披岛。

省钱小助手

可以参加一日游，包括小阁披披岛、酒店接送、午餐，每人约990泰铢，方便实惠。

泰国好好玩 · 曼谷 · 大城 · 芭堤雅 · 阁昌岛 · 华欣 · 华富里 · 佛统 · 北碧 · 清迈 · 清莱 · 素可泰 · 阁沙梅岛 · 普吉岛 · 甲米 · 合艾 · 董里

169

大阁披披岛 Phi Phi Don

这是一系列岛屿当中最大的一个岛，并且是唯一有人定居的岛。岛屿主要由石灰岩组成，面积 28 平方千米，宽 3.5 千米，长 8 千米。小岛的形状如同一只不规则的哑铃，两头是绿荫覆盖的小山丘，岛中央由两个半月形的海湾交汇而成，靠近岸边的海水是迷人的翡翠色。岛中部极窄，最窄处只有约 80 米。岛上有渔民居住，度假村、饭馆、酒吧和各种娱乐场所一应俱全。最热闹的是通塞湾（Ton Sai Bay），这里有步行街、餐馆、酒吧等，阁披披岛的码头也在这里，从这里可以坐船去普吉或者甲米。

小阁披披岛 Phi Phi Le

这是一系列岛屿当中第二大的岛，也是游客最多的岛，以沙滩闻名。岛屿面积 6.6 平方千米，岛上东北方的海盗穴（viking cave）中有绘有大象、船只的古代壁画。电影《海滩》（The Beach）就是在这里的马亚湾取景的。

石灰石山 Limestone Hill

🚌 只能包船游览或参加半日游、一日游团。包船一日游约600泰铢，半日400泰铢

甲米的海景，以随处可见的石灰石山闻名。这里是熔岩区，山冒出海面，形成一座座形状各异的小岛，千姿百态，别有趣致。这些小岛有名字的不多，大多是无名的。其中 Khao Khanap Nam 是最著名的石灰石山，被视为甲米的标志。Khao Khanap Nam 在甲米河上，两座像鲨鱼翅一样的石灰岩山矗立在河道两边。

虎穴庙 Wat Tham Suea

🚌 从甲米坐车前往约5分钟即可到达；从奥南海滩坐车前往约30分钟，嘟嘟车300泰铢/车。通常旅行社的一日游线路中都包含了这些

虎穴庙是距甲米7千米处的寺庙，由于从前这里盘踞着一只老虎，如神仙般保护在这里修行的苦行僧，因而被称为虎穴庙。在洞穴中还可以看到印在石头上的老虎爪痕。另外这里也汇集了许多历史古迹，曾有石器、陶器碎片和佛祖脚印等古文物在此出土。虎穴庙位于茂密丛林的山脚下，很多游客来到这里是为了登上这座600米的小山。虽然只有600米、1327级台阶，但都是70°～80°的陡坡，尤其在200级以后，几乎都是垂直的阶梯，手脚并用方能向上行进。爬到山顶后可远望整座甲米城和远处错落有致的石灰石山。

171

董里

位于曼谷以南 800 多千米的董里是大多数中国游客较为陌生的地方。董里濒临安达曼海，拥有将近 200 千米的海岸线和 46 个近海岛屿。最吸引人的旅游项目是坐船沿海岸线的水域穿行，参观著名的摩坷洞（Morakot Cave）和祖母绿岩洞（Emerald Cave），沿途有很多地方适合浮潜和深水潜水。去附近的内陆景点游玩也同样令人流连忘返，星罗棋布的岩洞和瀑布点缀在起伏的山峦中，美不胜收。

帕明海滩
（Pak Meng Beach）

免费

位于距董里39千米的锡高（Sikao），大部分地区没有居民，绵延的沙滩长达7千米，周围环绕着优美的海湾。海景由引人瞩目的露出地面的石灰石岩层组成，石灰石岩被海浪冲击成形态各异的岛屿，构成了奇特的景观。在帕明码头有轮渡，为游客提供往来所需的船只。

昌郎海滩
（Chang Lang Beach）

免费

位于帕明海滩南边的昌郎海滩，是一个与朝迈国家公园里的沙滩相似的海边景点。

珊海滩和永林海滩
（San & Yong Ling Beach）

免费

从昌郎海滩继续往南可达。这两个海滩上的岩洞和山峰颇为壮观。

朝迈海滩
（Chao Mai Beach） 免费

这里有错落有致的海滩，映衬着石灰岩岩洞的小山，还有路旁随处可见的家常餐馆，为游人提供美味的海鲜。从这里坐摆渡船可以到达阁利邦岛（Ko Libong），同时可以租到海上独木舟。

TIPS
通常有旅行社组织前往这里旅游，可以参加去洞穴和浮潜的旅游团。

奈岛
（Ko Ngai） 免费

奈岛是在帕克蒙海滩附近海面上的一个小岛，坐船1个小时可以到达。岛的附近有许多珊瑚礁，岛的西侧是一个海滩，海滩沿岸有7家度假村，岛上有神秘的洞穴。在度假村可以租借到潜水器材，还可以参加前往其他岛屿游玩的旅游项目。

省钱小助手

去往帕克蒙海滩，可以在塔库廊大街路边乘车，乘坐迷你巴士需要40—50分钟，票价60泰铢。11:30有船从位于帕克蒙海滩北部的码头出发前往海岛，大约50分钟，票价250泰铢。可以乘坐迷你巴士前往码头，票价60泰铢。如果在董里的旅行社预约了岛上的住处的话，可以乘坐迷你巴士＋船前往预订的住处，根据住处的不同费用在600～700泰铢。

姆克岛
（Ko Muk）

免费

🚤 从栈桥乘船前往姆克岛，大约 1 小时 30 分钟

这是一个原始的岛屿。岛上有一个洞穴，由于洞内的海水是祖母绿色的，因此成为这里有名的观光胜地。

TIPS

附近还有阁利邦岛（Ko Libong）、邱阿克岛（Ko Chuak）、阁拉丹岛（Ko Kradan）等岛屿，岛上的居民大多数是穆斯林。前往海岛的船常年都有，前往近郊的船则只有在旱季才有（11月至次年4月）。

泰国好好玩 ● 曼谷 ● 大城 ● 芭堤雅 ● 阁昌岛 ● 华欣 ● 华富里 ● 佛统 ● 北碧 ● 清迈 ● 清莱 ● 素可泰 ● 阁沙梅岛 ● 普吉岛 ● 甲米 ● 合艾 ● 董里

175

超惠游 泰国

合艾

位于泰国南部宋卡府的合艾，是泰南最大的城市。合艾是泰南 14 府的交通枢纽和经济中心，在最近 10 年里成为南方发展极为迅速的一个城市。这里交通方便，运动及娱乐项目也较丰富。现在合艾已经融入了全球化的进程，西式的购物中心遍布全城，是游客购买手工艺品等廉价物品的天堂。

卧佛寺 **免费**
（Wat Hat Yai Nai）

🏠 位于 Phetkhasem Road 的 Outapoa 桥附近 🚌 前往那里，需在 Th Niphat Uthit 1 和 Th Phetkasem 街的交叉路口搭乘一辆摩的，过了河之后下车，费用约为 40 泰铢

　　城外 1.5 千米处的卧佛寺有一尊 35 米长的卧佛（Phra PhuMahatamong Kon）。佛像巨大基座的内部设有一座有趣的小博物馆和陵墓，以及一个纪念品商店。

卡米拉海滩 **免费**
（Hat Samila）

　　位于太平洋的卡米拉海滩是散步或放风筝的好去处。海滩北部的岩石上有一尊青铜美人鱼像，她正在挤干长发中的水，此雕像纪念的是印度佛教的大地女神 Mae Thorani。当地人将这尊雕像奉为神龛，在其腰部系了五彩缤纷的布条，并抚摸其胸部以求好运。雕像隔壁就是"猫和老鼠"雕像，指的是猫岛（Ko Yo）和鼠岛（Ko Losin）。还有一尊龙的雕像，被分割为几个部分，分散在市区各处。龙头（Nag Head）雕像向着大海喷水，据说可以带来好运和淡水，成为当地人喜欢的会面地点。

177

达鲁岛
（Ko Tarutao） **免费**

面积达 152 平方千米的达鲁岛大部分被浓密的原始丛林覆盖，直抵公园中高达 713 米的顶峰。红树林沼泽和险峻的石灰石悬崖环绕着岛屿的大部分海岸，只有西海岸是一片宁静的白沙滩。

东海岸的 Ao Taloh Udang 湾，现在停靠着从沙敦 Tammalang 码头过来的大船。这里有一座很高的灯塔，这也是达鲁岛国家海洋公园的标志性建筑。

达鲁岛国家海洋公园
（Ko Tarutao National Marine Park）

Pak Bara 码头有开往达鲁岛的船。（单程/往返：180 泰铢/300 泰铢；船程约 1 小时；10:30、15:00 和 16:30 开船，此外还有一班在下午视情况开船）若想了解最新的快速渡轮时刻信息，可致电 Tarutao Speed Boat Ferry Team & Tour（0-74783055）；要了解定期渡轮的时刻信息，可致电 Andrew Tours（0-74783459）或 Adang Sea Tour（0-74783368）或 Wasana Tour（0-74711782） 400 泰铢（儿童减半） 11 月至次年 5 月中旬。公园在淡季（5—10 月）正式关闭，届时几乎所有的渡轮都会停运

对任何一个秘密来说，被某些人泄露都只是时间问题。具体到这里，这个"某些人"就是美国的真人秀《幸存者》（Survivor）的导演。他在这个大受欢迎的系列节目的第五季，选择了这座绝色的海洋公园作为场景。这座国家公园是泰国最优美的原生态地区之一，巨大的群岛拥有无数的珊瑚礁，以及生长着保护良好的原始雨林的 51 座岛屿。雨林中到处是郁乌叶猴、吃螃蟹的猕猴、野猪、捕鱼的野猫、泽巨蜥、树蟒、犀鸟和翠鸟。

里朴岛
（Ko Lipe）

免费

要到达里朴岛，可以从阁披披岛、甲米、董里、合艾等很多地方出发前往。也可以通过专营安达曼海旅游的 Tigerlinetravel 快艇公司预定 www.tigerlinetravel.com

里朴岛是泰国南部安达曼海的一个小岛，属于达鲁岛国家海洋公园的一部分，但似乎不在达鲁岛保护区的保护范围内。这个小岛没有汽车，最高级的机动车就是摩托。这里一共有日出海滩、日落海滩、芭堤雅海滩3个海滩，沙子就像面粉一样细腻。小岛开发得没有普吉岛、阁披披岛那么完善，一切还在建设中，所以那里的风光绝对原生态，周围也有很多潜水点，珊瑚也很漂亮。

里朴岛是一个沙滩裹着山地的小岛，由于山地比较多，活动的范围不是很大，一个多小时就能走一圈。住宿的宾馆酒店主要分布在芭堤雅海滩、日出海滩和购物街的沿线。购物街正好连接着芭堤雅海滩和日出海滩，日落海滩则比较远，步行过去要大半个小时。步行街是岛上主要的便利店、旅游代理店、按摩店、小吃店、烧烤店和网吧的所在地。

TIPS

里朴岛没有码头，渡轮就停泊在海滩附近（芭堤雅海滩或日出海滩），你需要跳到岸上。在浪大的日子里，会有一条长尾船到轮渡来接你。在旺季（11月1日至次年5月15日），每天都有渡轮从 Pak Bara（11:30、13:30 各一班，1.5—2小时，600泰铢）和兰卡威岛（8:00、9:00 各一班，1—1.5小时，600泰铢）发出。从里朴岛开往 Pak Bara 的渡轮于 9:30、10:00 和 13:00 发出，开往兰卡威岛的渡轮于 15:30、16:00 和 16:30 出发。需要记住的是，你必须在兰卡威岛过夜之后再返回里朴岛。往返于 Pak Bara 和里朴岛之间的渡轮几乎都会停靠达鲁岛和 Ko Bolun Leh 岛。

179

TIPS

里朴岛是一处悠闲的潜水胜地，岛附近有几十个潜水点。有时候海水如水晶般清澈，有时强劲的洋流会带来泥沙。该地区顶级的潜水点有：Eight Mile Rock，一座吸引了大型远洋鱼类的海下山峰；Yong Hua Shipwreck 船骸，现在覆盖着海洋生物；Ko Bu Tang，这里是名副其实的"海鳐城"潜水点。在亚当岛和拉威岛之间的海峡也散布着不错的潜水点。

大多数潜水学校都在11月初至次年5月中旬经营潜水之旅，两次潜水的费用为2 200～2 500泰铢。PADI开放水域课程的费用为12 000～13 500泰铢（比龟岛上的学校贵约2 500泰铢）。

推荐以下潜水经营商，他们使用轮船，而不是长尾船：
Forra Diving
由热情的法国人经营的学校，在日出海滩和芭堤雅海滩设有办事处。
☎ 0-44075691
🌐 www.forradiving.com

阁阿当岛和阁拉威岛
Ko Adang & Ko Rawi

免费

　　阁阿当岛拥有低矮而林木茂盛的丘陵和白沙滩，5个优美的海滩一个比一个漂亮，就围绕在岛屿的西岸。在内陆，游客会发现满是车辙的小道通向很多景点，如很久以前是海盗淡水来源的海盗瀑布（Pirate's Falls），以及可以欣赏到下面山丘美妙景色的 Chado Cliff 悬崖。在 Laem Son 设有护林员站，不过并不是总有人。

　　阁拉威岛在阁阿当岛以西11千米处，拥有相似的石灰石丘陵和茂密的丛林，以及一流的海滩和大型的珊瑚礁。阁拉威岛上设有护林员站，想上岛必须支付500泰铢，才能探索岛屿内陆。

　　周边有 Ko Yang 岛以及极小的 Ko Hin Ngam 岛，后者以其独特的条纹鹅卵石而闻名。根据传说，如果你能将石头垒成12层，那么你将有好运降临。但这些石头都被诅咒了，任何人如果带走这些石头都会遭遇厄运，直到把石头送回原处。

　　以上地点均可以乘坐长尾船前往，还可以参加一日游项目。一日游还有更远的四岛、五岛浮潜游，最远的可到达外海。

省钱小助手

里朴岛上的村民会提供出色的团队游服务，你可以在原始的珊瑚礁周围浮潜，或在相对隔绝的沙滩上晒日光浴。行程一般包括阁阿当岛和阁拉威岛附近的一日游和过夜露营，以及更远处的四岛游，最远可以到达海上一个巨大的方形岩石处。团队游的费用在500～700泰铢。

Grand Hotel
MANDARIN
WALKING STREET
SUGARBABY
AGO-GO
SELL - BUY
GOLD, JEWELRY
18K 14K 9K
"GET FAST CASH FOR GOLD"
GRAES
Jewelry Exchange
WALKING STREET
Insomnia
ALCATRAZ

泰国吃住购

好好吃！ 舒服住！ 买买买！

泰国吃住购

好好吃 IT'S SO DELICIOUS

曼谷

建兴酒家 省钱
Somboon Seafood
🏠 169/7-11 Th Surawong, Silom 🕐 16:00-23:30 ¥ 250～300 泰铢

曼谷一家老字号的海鲜餐厅，这家海鲜店共有5个分店，价格合理，味道可口。咖喱蟹是这里的招牌菜，几乎是每人必点。酸辣虾汤也能让喜欢酸辣的朋友过把瘾。

MK 泰式火锅 省钱
🏠 Siam Square 5, Pathum Wan
📞 0-26109337 ¥ 约300泰铢

泰国最有名的火锅店，因味道可口、价格公道，所以非常受欢迎。在曼谷，几乎每个百货商场都有它的分店。吃腻了重口味的酸辣甜泰餐，可以在这里品尝难得的清淡口味。

Nara 省钱
🏠 二分店在 Central World 七楼
📞 0-22507707 ¥ 200 泰铢

这里的推荐菜有冬阴功、Lychee 荔枝冰沙（据说全泰国这家的 Lychee 最好喝）。

Mango Tree
🏠 37 Soi Tantawan, Surawongse Road, Suriyawongse 📞 0-22362820

这是一家地道的泰国菜餐厅，就在轻轨 Saladaeng 站旁边 Bangkok Bank 对面的小巷子内。推荐菜有青木瓜前菜、红咖喱等。

RCA（皇城街）

曼谷最火爆的夜间游乐场所是拉查达慕里大街附近开设的 RCA（皇城街），长达2千米的马路两旁，集中了近100家各类酒吧。RCA 大街的名字取自英文缩写：Royal City Avenue，译作泰国皇家大道。街区里有像露天舞厅一样把桌子放置在室外的酒吧，每到夜晚这里就会摇身一变，成为热闹非凡之地。

芭堤雅

Cafe des Amis
🏠 391/6 Moo 10, Thap Phraya 11
☎ 0-840264989 ¥ 650 ~ 3200 泰铢

这家餐厅主营法式菜肴，菜品种类繁多，能满足不同口味的人，有让人口水直流的牛排，也有适合素食者吃的意大利调味饭。餐厅的外面布置成了一个美丽的花园，你可以坐在外面的中心位置就餐。

Indian By Nature
🏠 306/64-68, Chateau Dale Plaza, Thappraya Road ☎ 0-38364656
¥ 160 ~ 2600 泰铢

这家餐厅主营印度菜，是芭堤雅最好的印度餐馆，服务非常热情，餐食口味也多变。在这里可以吃到一些奇异的印度香草菜，百尝不厌。

Mantra Restaurant & Bar
🏠 Pattaya Beach Road ☎ 0-38429591
¥ 800 ~ 3200 泰铢

这里有很好的服务和美味的食物，菜单的种类很丰富，有牛排、亚洲美食和混合式美食。

华欣

SOK Sea Food BBQ
🏠 Dechanuchit Road 朝海的反方向走

这家餐厅位于华欣夜市。超大号的大虾1 200 泰铢 3 只，中号的 800 泰铢 7 只。

Chaolay Seafood
🏠 Thanon Naretdamri

这家海边餐厅的栈桥一直伸到海里，在这里能看风景，味道一般，氛围不错。

省钱小助手

华欣的美食聚集地主要是夜市，这里不仅有物美价廉的海鲜，还有当地的小吃、各种果汁饮料以及多样的水果。华欣海鲜很多，比泰国其他地方要便宜。

泰国吃住购 • 好好吃 • 舒服住 • 买买买

185

华富里

Namaste India
🏠 2-3, 2-4 Soi Sorasak，Narai Palace 对面 ☎ 0-37765050 ￥ 300 泰铢

　　这家餐厅主营印度、巴基斯坦菜等混合菜式，餐厅老板既是主厨也是服务生，友好热情，会跟你聊天，推荐店里的特色菜。

Maad Mee
🏠 8/18 Phra Sri Mahosote Road, Talay Choob Sorn Subdistrict, Mueang Lop Buri District ☎ 0-36412883 ￥ 300 泰铢

　　这家餐厅主营泰国菜，而且适合携带儿童前往，环境干净，食物也还不错。

佛统

Inn Chan Restaurant *省钱*
🏠 Sampran Riverside. Km. 32 Pet Kasem Road, Sampran ☎ 0-34322544 ￥ 300 泰铢

　　这是当地一家非常地道的泰餐馆，选用有机食材，同时受到素食主义者的欢迎。餐厅建在河畔，视野很好，可以一边欣赏风景一边就餐。

D Eiffel *省钱*
🏠 135/345 Soi Salaya 9, Phutthamonthon Sai 4 Road, Salaya Subdistrict, Phutthamonthon District ☎ 0-28002095 ￥ 60 泰铢

　　这是一家家庭自主经营的餐厅，店家友好热情。餐厅主营法式西餐，还拥有一些不错的红酒，很令人期待。

清迈

TIPS

清迈的饮食是典型的泰北口味，以辣闻名，烹调方法以煎、炸、炒和煲汤为主，多用咖喱、辣椒、生姜等辛辣调料，而食物中的酸味则来自绿色小柠檬。

Heuan Phen *省钱*
🏠 112 Rachamongka Road, Phrasing, Muang ☎ 0-53277103 ￥ 200 泰铢

　　餐厅经营的是比较典型的泰北菜。中午和晚间的就餐区域不同，相比之下，晚上的就餐区装潢得比较有特色。菜品很有特色，但分量很小，算是体验泰北菜的一个比较好的去处了。清迈面（Khao Soi）、泰北式云南米线（Knom jen numngew）等是本店的特色小食，还有炸猪皮这样的泰北特色菜。由于老板不吃牛肉，所以店家不供应任何牛肉料理。清迈面有鸡肉、猪肉、猪肉丸3种选择。注意，泰北菜口味偏辣。

Aroon（Rai）Restaurant *省钱*
🏠 45 Kotchasam Road, Amphur Muang ☎ 0-53276947 ￥ 100 泰铢

　　这家店位于出塔佩门过护城河往南走100米左右的地方，号称有清迈最好吃的咖喱。

千人火锅 省钱

🏠 46/1 Huay Kaew Road T.Chang Puek A.Muang ☎ 0-53215666 ¥ 199 泰铢

在大棚子里能容纳千人同时就餐的泰式火锅店是清迈的特色之一。这是一家自助餐厅，配料很多，但这种泰式锅其实更类似于烧烤，一个煤气炉点燃后，加上一个类似帽子的锅，中间鼓起来的部分用来烤肉，而四周的"帽檐"则加上水用来涮蔬菜和豆制品。餐厅位于曼宁路，距离富丽华酒店不远。

River Side Restaurant & Bar

🏠 Chang Moi, Muang ☎ 0-53243239 省钱
¥ 200 泰铢

这是一家位于湄南河边的餐厅，在老城的东边，距离城区有一段距离。这家饭店兼酒吧在当地颇有名气，有驻唱歌手，出租车司机一般都知道在哪儿。

Libernard café 省钱

🏠 Sirpanich Building,191, Huey Kaew Road Amphoe Muang ☎ 0-37243476
¥ 50 泰铢

这是一家有着十几年历史的老咖啡馆，老板娘也由当年的少女成了如今的妈妈。咖啡豆均产自清迈本地，而且都是她亲手烘焙。这家咖啡馆在清迈有两家分店，最早一家在塔佩门出来后过护城河往北走大约100米路边的小巷子里，另外一家在曼宁路。

素可泰

省钱小助手

在素可泰历史公园前不远处就有当地的菜市场、夜市，这里美食的价格比较便宜，晚餐可以在这里解决。

梦想咖啡厅
Dream Café

🏠 86/1 Singhawat Road ☎ 0-55612081
¥ 300 泰铢

这是家别致的餐厅，不仅房间布置得漂亮有特色，还摆放了古董。这里的食物质量还是非常不错的，特别推荐香蕉油煎饼。

Poo Restaurant 省钱

🏠 Jarot Withithong 24/3 ¥ 100 泰铢

这家不起眼的小餐馆主营泰国菜，服务十分贴心，食物新鲜美味，推荐素可泰面条。

Chopper Bar

🏠 69/1 Jarod Withee Thong Road | Thani
☎ 0-55611190 ¥ 500 泰铢

和素可泰其他的餐馆相比，这里的饭菜分量给的相当足。餐厅里有个小舞台，会有吉他演奏和演出，非常动听。餐厅早上不营业，下午16:00才开门。

阁沙梅岛

Tarua Seafood

🏠 Chaweng View Point 往南，Chang Rock 旁边　🕐 12:00-22:30　¥ 400～500 泰铢左右

这个餐厅位于查汶海滩过了观景点的位置，在餐厅旁边是著名的大象石（Chang Rock），可以边吃饭，边看海景。这家位于高处的海鲜餐厅由酒吧和餐厅组成，餐厅的海鲜都是在池子里看物点菜，价格也不是十分贵。

> **TIPS** 店里负责点菜的服务员会讲中文，沟通起来很方便。

Dining on the Rocks

🏠 9/10 Moo5-Baan Plai Laem Bo Phut　📞 0-77245678　🕐 18:00-22:00，需要预约　🌐 www.evasonhideaways.com

这间位于顶级度假饭店 Sila Evason Hideaway & SPA 里面的晚餐餐厅，建在山崖的大石堆上，景观一级棒，走的是原始自然的极简风格。餐厅经营时尚创意的料理，特别是鸡肉料理，从法国中南部进口知名的鸡肉，还采用低温的真空料理技法，烹调成多汁细嫩的超纯口感。餐厅主打套餐中最受欢迎的套餐是"The Experience"及"Innovations"。前来就餐一是要事先预约；二是它地处偏远，交通不便；三是不便宜，一个人的基本消费在 3000 泰铢左右。

Starfish & Coffee

🏠 51/7 Moo1，Bo Phut（渔夫村 Fisherman's Village 码头左边巷内）　📞 0-77427201　🕐 11:00 至次日 1:00（平日 22:30 停止供餐，周日从 15:00 起营业）

在新渔夫村（Fisherman's Village）里，这家店被公认为是阁沙梅全岛最棒的餐厅之一。

这家餐厅开店超过 10 年，大红色的墙上点缀着金色的泰式图案，还有拱形门柱的设计，配上铁制的椅子。店里以泰式料理及海鲜为主，大多数人喜欢它的咖喱海鲜椰子盅（Thai Seafood Souffle Served in Coconut），将墨鱼、虾、鱼等海鲜拌炒咖喱酱、柠檬叶及九层塔等，然后放入椰子壳，用大火连椰子一起蒸熟，散发出独特的咖喱香气，闻起来香气中带有椰子的甜味，入口的第一感觉就是："这就是地道的泰国味！"如果拿来拌饭，会是意想不到的美味！

Budsaba

🏠 100Moo2 Chweng Beach.Bo Phut（Muang Kulaypan 旅店）　📞 0-77230580　🕐 6:30-22:00　🌐 www.kulaypan.com

这是岛上少见的泰式皇家料理。餐厅设计得很有特色，一边深具现代感，另一边则是有传统特色的户外草亭，各具不同风情。他们的料理做工细致，口味也偏清淡，不像一般的泰国南部菜辣得那么猛烈。推荐荷叶炒饭（Kao Hor Bai Bua），整个炒饭包在鲜绿的荷叶上，里面还有香肠、鸡肉、香菇及虾等，吃起来带着一点点荷香。这里每周有 4 个晚上会在户外表演传统舞蹈，很有泰国的文化氛围。

Jing Cantonese Cuisine
🏠 Soi Colibri Chaweng Beach（在 Centara Samui Beach Rosort 对面的巷内）
☎ 0-77413462 🕐 12:00-22:30 ¥ 100～600 泰铢，港式点心为 60 泰铢

　　阁沙梅岛的中国餐馆少之又少，目前只有一家"京"，是历史较久、也是口感比较地道而值得介绍的一家餐厅。"京"以广东料理为主，厨师是中国香港人，曾经是曼谷香格里拉饭店的大厨，因此它的菜品算是比较正统的。此外，还有烧卖、蒸饺、叉烧包等港式点心。也许是它深受外国游客的欢迎，才可以一枝独秀地开到现在。推荐招牌菜脆皮卤鸭（Crispy Fried Aromatic Duck），很多人都非常喜欢。他们先用特制的卤汁浸泡，等待香味进入鸭肉以后，再削成肉片炸至外表酥脆，吃的时候用面皮及白葱、黄瓜包在一起吃，口感很有层次。

Belline
🏠 Soi Colibri, Chaweng Beach（在 Centara Samui Beach Resort 对面的巷内）
☎ 0-77413831 🕐 11:30-22:00 🌐 www.bellin-samui.com

　　Belline 餐厅曾连续 3 年获得最佳美食餐厅的殊荣。餐厅位于素有美食巷之称的 Soi Colibin 的最里面，不是那么醒目。餐厅由两间店面连接而成，带有浓郁的现代欧式风格，

此外还设有一个酒吧，为了便于客人品尝美酒，他们还特设了大型的电子酒柜。料理以现代的技法加上传统的口味，为了保持食材本身的鲜美及特色，蔬果类全部从清迈农场进货，而牛羊肉类则从澳洲进口，至于面包等面食则全部是最传统的手工制作。

The Cliff Bar & Grill
🏠 124/2 Moo 4 Maret（过了大象石的马路旁边） ☎ 0-77414266 🕐 12:00 至次日 2:00
🌐 www.thecliffsamui.com

　　阁沙梅岛拥有不少的景观餐厅，然而说到最具人气及口碑的，莫过于这家 The Cliff Bar & Grill 餐厅了。从 2004 年开业起，这里年年荣获"泰国最佳美食餐厅"的称号。餐厅主厨 Sergio Marteli 来自意大利，为了提供最棒的地中海料理，他特地到西班牙、葡萄牙及意大利寻找最地道的香料，完美的食材加上原始的香料，以完美的比例创造出最佳的口感。这里的料理口感较淡，是为了保持食材的原味及鲜美。推荐海鲜总汇（Seafood Piatter），有 4 只明虾、4 个淡菜、鱼排及一份墨鱼，分量多，淋上柠檬口感更加顺爽。

TIPS
推荐 4 道菜组合的"主厨特选套餐"这是享受美食又不用费脑筋的好选择。

普吉岛

Thai Naan Restaurant 省钱

- 16 wichitsongkram Road，Phuket Town
- 0-762261647 11:00-14:00，17:30-23:00

这是一家大型餐馆，内设大厅，有时还会举办音乐会。餐馆内到处都有以楠木为材料的木雕工艺品，一条走廊把餐馆的各个部分连接在一起。餐馆的饭菜种类丰富，有泰国菜、西餐和亚洲各国的风味菜肴。这里的自助式午餐价格适中（150泰铢/人），菜品可选性强。另外，顾客还可以在餐馆观看泰国古典舞蹈表演。

Sunset Restaurant

- 102/6 Patak Road，Karon Beach
- 0-76396465 8:00-23:00

餐馆位于卡伦中心内，是一家于1978年开始营业的正宗的露天式泰国菜馆。这里的套餐价格为350泰铢。

99号餐厅

- Th bang_La Road

99号餐厅位于Th bang_La附近的海鲜大排档一条街，是一个福建华裔开的饭馆，菜品比较符合中国人的口味。吃海鲜人均消费500～700泰铢。

莎维海鲜餐厅
Savoey Seafood

- Thawiwong Road，Patong Beach
- 700～800泰铢

当地很有名的海鲜餐厅，海鲜拼盘1200泰铢，包括半只大龙虾，五六只小海虾、一些鱿鱼、毛蚶、蛤蜊之类，一根烤玉米，并提供三种蘸料以及菠萝饭。味道很不错，但价格并不便宜，而且还加收7%的服务费，总体味道偏淡。

甲米

Ao Nang Cusine 省钱

- Ao Nang Beach Road，Ao Nang

奥南海滩最热闹的街道上，Ao Nang Cusine自称是奥南海滩第一家餐厅，这里的泰式冬粉拌炒蔬菜和鸡肉只要80泰铢，又美味又能吃饱。冬阴功汤和泰南咖喱鱼等著名泰国菜这里做得也很不错，而现调的鸡尾酒也只要110泰铢起。

甲米夜市 省钱

- 周五至周日 17:00-22:00

夜市在甲米河旁边，一共有两处，一个在河边，另一个在河边靠里的一个小广场。在这里的夜市可以品尝到泰国南部的清真美食。

董里

绿房子
Green House
- 148/1 Pra-Ram VI, Muang, Muang Trang
- 300 泰铢

这家精致的咖啡店位于董里，这里有甜美的蛋糕，香醇的咖啡，还有友好周到的服务生，适合约朋友一起小坐。

Farmville Bar&Restaurant
- 104/7 Ban Koh Muk
- 600 泰铢

餐厅经营欧洲菜和泰国菜，菜单很简单，只有主厨的推荐菜式，配上特制的鸡尾酒。

合艾

Kai Tod Daycha
- Th Chi Uthit
- 0-10983751
- 30 ~ 50 泰铢

合艾风味的烤鸡在泰国是很有名的，而当地人认为 Daycha 做得最棒。快去就着香喷喷的黄米饭大嚼香辣烤鸡吧。

省钱小助手

在 Th Niyomrat 大街上的 Niphat Uthit 1 和 Niphat Uthit 2 之间，从 Tamrab Muslim 开始，有一长列价格低廉的临时清真餐馆，每天大约从 7:00 营业到 21:00。这些地方的菜肴价格都在 20 ~ 60 泰铢。规模很大的夜市（Th Montri 1）专营新鲜海鲜和合艾风味的鸡肉菜肴。

Sor Hueng 3
- 79/16 Th Thamnoonvithi
- 0-18963455
- 30 ~ 120 泰铢

这家当地知名老字号的分店遍布全球，供应可口的中国风味和泰国南部风味菜肴。可以直接点看上去不错的菜肴，或在菜单上点现炒的菜肴。

宋卡王子大学食堂
Long Chang
- 位于宋卡王子大学

这里和中国一样，在大学周边总是有各种各样的好吃的。宋卡王子大学（Prince of Songkla University）是泰国著名的高等学府，学校的食堂叫作 Long Chang，意思是"大象吃饭的地方"。这里的饭菜有泰南特色，而且价格也不贵。

Pooh's
- 1065 Moo 2, T. Paknam A. La-Ngu, Satun 91110 Thailand
- 0-74728019
- www.poohlipe.com

这家餐厅门口有个维尼小熊，是开放式的餐吧。这是个能满足你在岛上一切需要的一站式商店：一家气氛活跃的餐馆、一间酒吧、一家网吧、一家旅行社，以及后面几间一般的客房。早餐很棒，有美式和英式两种口味可供选择。

Café Lipe
- Pattaya Beach, Ko Lipe, Thailand
- 0-74728036
- www.cafe-lipe.com

早餐非常棒，是新鲜的水果和五彩缤纷的谷物，而且分量大。

舒服住 COMFORTABLE LIVING

曼谷

曼谷廊曼机场阿玛瑞酒店
Amari Don Muang Airport Bangkok Hotel

🏠 333 Moo 10, Chert Wudthakas Road, Srikan

　　这个酒店就在廊曼机场对面，而且与机场相连，过了通道就到了。

查翁瓦塔娜中央政府大楼酒店和会议中心
Centra Government Complex Hotel & Convention Centre Chaeng Watthana

🏠 120 Mu 3 Convention Centre Building, Chaeng Watthana, 廊曼机场/Impact会展中心

　　酒店距离机场2.3千米，需要打车。酒店周围非常安静，设施很新、很豪华。

曼谷素万那普机场诺富特酒店
Novotel Bangkok Suvarnabhumi Airport

🏠 Moo 1 Nongprue Bang Phli, 曼谷国际机场/邦娜酒店

　　从素万那普机场几乎可以步行到达酒店，价格较贵。

素万那普机场路易斯过境白天客房酒店
Louis' Tavern Transit hotel Dayrooms Suvarnabhumi Airport

🏠 4th Floor, International Departure Hall, Concourse G, Suvarnabhumi Airport, 曼谷国际机场/邦娜酒店

余沙吞公寓酒店
I Residence Hotel Sathorn

🏠 269/29-30 Suanplu Soi 6, Sathorn Road, Thungmahamek, 是隆/沙吞

　　酒店在市中心是隆附近，距离轻轨有一段距离。

BP广场酒店
BP Place

🏠 5 Phaholyothin Soi 18, Phaholyothin Road, Jompol, 乍都乍周末市场

　　酒店靠近乍都乍周末市场，坐轻轨非常方便，去廊曼国际机场有公交巴士。

曼谷钥匙酒店
Key Bangkok Hotel

🏠 9-19/1-3 Sukhumvit Soi 19, Suk Road, 素坤逸路 💰 价格适中，300~400元

　　酒店评价较好，是市区内性价比高的酒店。

顶楼美景酒店
Roof View Place Hotel

🏠 90/1 Soi Samsen 6, Samsen Road, Pranakorn, 考山路/大皇宫

　　酒店位于考山路，性价比较高，距离大皇宫很近。

大城
Prom Tong Masion

💰 大床房1 000泰铢，有空调及免费Wi-Fi，含早餐 🌐 www.promtong.com

> **省钱小助手**
> 如果要在大城留宿，一定要住在老城，这样游览起来才方便，能节省一些交通费用。

芭堤雅
圣塔拉幻影海滩度假村
Centara Grand Mirage Beach Resort

🏠 277 Moo 5, Naklua, Banglamung ☎ 0-38301234 💰 8 500泰铢起，含早餐，不含10%的服务费和7%的酒店税 🌐 www.centarahotelsresorts.com

度假村靠近索奇温泉、石园的百万年、Phoenix Golf Club等景点。酒店还拥有一个超大的游泳池，酒店的房间全部面向大海，海景非常美丽。

哒啦海角度假村酒店
Cape Dara Resort

🏠 256 Dara Beach, Soi 20, Pattaya-Naklua Road ☎ 0-38933888 💰 3 000泰铢起，不含10%的服务费和7%的酒店税 🌐 www.capedarapattaya.com

酒店距离市区最繁华的地段只有0.5千米远，离芭堤雅的沙滩也很近。酒店游泳池非常棒，空气也很好，但交通不太方便，接驳巴士去的地方比较少。

芭堤雅发现海滩酒店
Pattaya Discovery Beach Hotel

🏠 489 Soi 6/1, North Pattaya, Pattaya Beach Road ☎ 0-38413833 💰 2 100泰铢起，含早餐，不含10%的服务费和7%的酒店税 🌐 www.pattayadiscoverybeach.com

酒店离市区芭堤雅公园、芭堤雅龙德拉根购物中心等景点很近。酒店还能提供便宜的汽车租赁服务。免费早餐品种很多，也很美味。

皇家克里夫酒店
Royal Cliff Hotels Group

🏠 353 Phra Tamnuk Road ☎ 0-38250844 💰 3 600泰铢起，含早餐，不含10%的服务费和7%的酒店税 🌐 www.royalcliff.com

酒店位于得天独厚的帕塔纳克山地区，是本市最受欢迎的酒店之一。酒店坐拥良好的自然环境，位置比较偏僻但是有免费的班车可以到市区。酒店里面的餐厅消费价格比较合理，而且服务环境非常好。

华欣

班塔莱道度假村

🏠 2/10 Soi Takiab Village, Phetchkasem Road, Nong-kae 💰 2 300 泰铢

度假村位于华欣湾最南端，Khao Takiab 一座已有 90 年历史的柚木房屋内，这里洋溢着别具风味的乡土气息，是逃离城市喧嚣的理想之地。度假村共 32 间客房，可直接到沙滩，酒店设施与服务齐全，房内有空调和电视，户外有泳池和按摩中心，周围有自然的环境和当地的小村落。

华富里

本哈塔拉精品度假酒店
Benjatara Boutique Resort

🏠 123/33 T. Khao Sam Yord A. Maung ☎ 0-36422608 💰 500 泰铢起，含早餐，不含 10% 的服务费和 7% 的酒店税

酒店位于华富里的观光文化古迹区，从酒店到市内几大地标相当方便，如塞波罗寺、猴庙等。

MDR 酒店
MDR Hotel

🏠 44 Phaholyothin Road, Tumbon Thasala, Amphur Muang ☎ 0-36614433 💰 800 泰铢起，含早餐，不含 10% 的服务费和 7% 的酒店税

酒店设计清新，比较适合自驾游的人，距离城区 7～8 千米，此外也有公交车进城。

华富里茵度假村
Lopburi Inn Resort

🏠 Mueang Lop Buri District ☎ 0-36420777 💰 950 泰铢起，含早餐，不含 10% 的服务费和 7% 的酒店税

这是一家舒适又便捷的酒店，酒店内有许多猴子雕像，可以供游客拍照留念，还有迷人的室外游泳池和漂亮的花园。

拉布里酒店
Lopburi Inn Hotel

🏠 Mueang Lop Buri District ☎ 0-36420777 💰 630 泰铢起，含早餐，不含 10% 的服务费和 7% 的酒店税

酒店离海滩很近，就在边上，走两步就到海边了，早上海水很清澈。酒店距离市中心仅隔 2 千米，距离华富里古城 4 千米，在酒店门口可以坐迷你巴士到古城，还算方便。

佛统

萨马普兰滨江酒店
Sampran Riverside

🏠 Km. 32 Pet Kasem Highway, Sampran ☎ 0-34322544 💰 2 700 泰铢起，含早餐，不含 10% 的服务费和 7% 的酒店税 🌐 www.sampranriverside.com

酒店就位于江边，房间为传统泰式风格，环境优美。酒店靠近轻轨和地铁，周边还有市场。

查瓦伦度假村
Chawalun Resort

🏠 Liap Khlong Chonlaprathan, Don Tum
☎ 0-34968245 ¥ 1 000 泰铢起，含早餐，不含 10% 的服务费和 7% 的酒店税

酒店有一个非常漂亮的泳池，而且工作人员热情礼貌、服务周到。房间是茅草屋，邻近湖边，早上可以迎着朝阳起床，晚饭后可以畅游在湖边的椰林中，也可以在湖边小憩片刻。

时尚酒店
Trendy Hotel

🏠 248/7 Tanon Yingpao ¥ 720 泰铢起，含早餐，不含 10% 的服务费和 7% 的酒店税

这家酒店是佛统府短途游的理想出发点，1 千米外便是市区最繁华的地段。而且酒店距离赛纳姆宫、佛统动物园、佛统塔国家公园都很近，不超过 3 千米。

清迈
清迈格德酒店
Gord Chiangmai

🏠 29/8 Ratchamanka Road Soi 6 T. Phra Singh

格德酒店位于清迈的文化古迹、商务设施及购物中心区，是商务和休闲旅游的热门之选。离市中心仅 1 千米的路程，能确保游人快速方便地前往当地的旅游景点。

皇家梅平酒店
The Imperial Mae Ping Hotel

🏠 153 Sridonchai Road ☎ 0-53270240

这里据说是邓丽君去世的地方。酒店位于著名的购物者的天堂——夜市场（Night Bazaar）附近，地处清迈最中心地区，提供集豪华、高贵于一体的高标准个性化服务。酒店气氛典雅，随处可见泰式艺术作品，在这里可以观赏全城美景和拥有著名庙宇的高山景致。酒店距离清迈火车站步行仅 5 分钟，距离清迈国际机场也只有 10 分钟车程。酒店的其他设施有健身中心、游泳池和 SPA。

巴恩萨拜精品之家酒店
Baan U Sabai Boutique House

🏠 213/7 Mahidol Road T. Changklan

全木结构的建筑很有特色，而且木头的材质也很好。酒店每天都有员工清洁打扫，而最值得称道的是留了非常多的公共空间给客人享用，客房数量也不是很多，非常安静。泳池很漂亮，房间干净舒适。这里靠近 Airport Central Plaza，走路约需 10 分钟，方便购物。

清迈富丽华酒店
Furama Chiang Mai

🏠 54 huay Kaew Road, T. Chang Puak, Muang

中国游客对富丽华酒店不会陌生，因为这个酒店管理集团在中国也有众多酒店。清迈富丽华酒店地理位置优越，是清迈短途游的理想出发点。这里位于市区西北部，离市中心仅有 2 千米，从酒店出来就是著名的千人火锅。

四季清迈度假村
Four Seasons Resort Chiang Mai

🏠 Mae Rim-Samoeng Old Road, Mae Rim 50180 ☎ 0-26502650 ¥ 4 000 泰铢起

这是一家顶级的五星级酒店，拥有非常棒的环境。这家度假村是在一片稻田旁边建造的，你经常会看到水牛和员工一起行走的场景，是高端度假的首选。

泰国吃住购 • 好好吃 • 舒服住 • 买买买

195

素可泰

兰花芙蓉宾馆
Orchid Hibiscus Guest House

🏠 407/2, 64210 Old City ☎ 0-55633284 ¥ 1 500 泰铢起，不含早餐，含 7% 的增值税，10% 的服务费 🌐 www.orchidhibiscus-guesthouse.com

位于老城的一个小木屋酒店，带游泳池。老板是一个有点个性的法国老男人，特别喜欢安静。距离古城步行大约 15 分钟。

利拉瓦地度假酒店
Leelawadee Resort

🏠 633 Moo 10 T.Muangkao A.Muang ¥ 600 泰铢起，含早餐，含 7% 的增值税，10% 的服务费

这是一个本地人开设的度假村，在老城以北的素可泰历史公园北区附近。老板人非常好，儿子会讲中文。房间是连排的小平房，布置也非常温馨。提供免费的 Wi-Fi。缺点是这里坐车不方便。

阁沙梅岛

AIs Resort

🏠 200 Chaweng Beach, Koh Samui ¥ 1 500 ~ 2 000 泰铢

这家酒店堪称查汶海滩中部地区性价比最高的酒店，地处阁沙梅岛最繁华的地段，出门很方便。酒店的园景房仿佛是一个大花园，中间有参天的大树，边上是两排小屋，房间门前有个小阳台，有桌子和椅子，晚上常有人在阳台上聊天或喝酒。有游泳池，深度为 1.5 米。

Arina Boutique Residence

🏠 37/73-74 Moo. 3, Bophut ☎ 0-77230070 ¥ 500 泰铢起

这是查汶海滩最受欢迎且性价比较高的酒店之一，离吃饭、购物的地方都不远，穿过一条街就是查汶海滩。酒店是家庭式的，经营者都是一家人，但是服务态度非常好，位置也很合适，出门不到 10 分钟就能走到海滩。老板娘很爱干净，进门都要脱鞋。酒店有免费 Wi-Fi。

Beers House Beach Bungalows

🏠 161/4 Moo 4, Maret ☎ 0-77230467/19584494 ¥ 最便宜的房间（200 泰铢）浴室共享，标间 500 泰铢起

这家旅馆由一对友善的泰国夫妇经营，结实的平房靠近海滩，十分舒适。和其他地方一样，海浪催眠曲声音越大的平房，价格也越高。

Mae Nam Village Bungalows

🏠 129/2 Moo 1. Th Maenam ☎ 0-77425151 ¥ 350 ~ 400 泰铢

这家旅馆位于湄南海滩的一端，是家经济型旅馆。这里有简朴的白色水泥平房。

普吉岛

Quip Bed & Breakfast

🏠 54 Phuket Road, Taladyai

由一座老房子改装成的 Loft 风格的酒店。老板是收藏迷，一进门就是各种限量版本的 m&m 豆小人，黑胶唱片机，前台是一辆老爷

车，店内有各种黑白电视机，墙上有各个时期的芭比娃娃，还有一辆电影《罗马假日》中的老爷摩托车"维斯帕"。最主要的是酒店到普吉老城只有几百米，步行2分钟就可以到著名的普吉钟楼。

山舒阁别墅小屋
Sansuko Ville Bungalow Resort

🏠 22/39 Soi Fuengfoo, Moo 6/T. Vichit, Sakdidet Road, Phuket Town ☎ 0-864705933 🌐 www.phuketsansukobungalow.com

作为普吉家庭式酒店和民宿的典范之一，山舒阁别墅小屋度假村是亲子旅游的最佳选择，有人称赞它是"家外的家"。

省钱小助手

普吉最值得留宿的地方就是老城。其实从普吉去每个海滩都很方便，而且这里的住宿与海滩相比便宜了近一半，是讲求实惠的游客的好去处。这里星级酒店的价格仅为芭东海滩的一半，经济型旅馆的价格也只有海边的 2/3。

Millennium Resort Patong Phuket

🏠 199 Rat-Uthit 200 Pee Road, Patong Beach ¥ 5 340 泰铢

五星级的 Millennium Resort Phuket 度假村距离芭东海滩仅有5分钟的步行路程，提供包围在热带风光中的豪华住宿。度假村设有 SPA、2个壮观的室外游泳池和5家餐饮场所。

普吉假日酒店
Holiday Inn Resort Phuket

🏠 52 Thaweewong Road, Patong Beach
¥ 2 670 ~ 5 340 泰铢

普吉假日酒店，坐落在芭东的购物、餐饮和夜生活场所中心，距离芭东海滩仅有几步之遥。酒店设有6个游泳池、设备齐全的健身中心和4个餐饮场所。距离普吉中心有15分钟的出租车车程。

Phuket Island View
🏠 144 Karon Road, Karon Beach
¥ 5 340 泰铢

酒店坐落于卡伦海滩，提供位于热带花园之中但没有私人阳台的客房。酒店有3个室外游泳池、1个 SPA 中心和1间餐厅。酒店距离卡伦和卡塔中心（Kata Central）的商店和夜生活场所仅数步之遥。

TIPS
热闹的芭东海滩距离酒店有15分钟步行路程。

甲米

棕榈天堂度假村
Palm Paradise Resort

🏠 165 Moo.3, T.Aonang Aonang Beach, Krabi, 81000　¥ 豪华房大约 2 000 泰铢

　　棕榈天堂度假村位于奥南海滩，地理位置优越，是甲米短途游的理想出发点。在这里，旅客们可轻松前往市区内各大旅游、购物、餐饮地点。这家酒店气氛闲适安逸，奥南海滩、莱利海滩等景点距此仅数步之遥。酒店环境比较安静，服务非常好，还有游泳池。

长滩查乐特酒店
Long Beach Chalet

🏠 472 Moo 3, Tambon Saladan, 81150 高兰　¥ 1 000 ~ 1 500 泰铢

　　酒店提供建立在桩柱之上的泰式小木屋，距离兰达岛的白色沙滩有 100 米路程，提供免费 Wi-Fi 和停车场，并拥有园林场地和一个酒吧休息室。你可以在宽敞的小木屋中享受闲适幽雅的住宿，并在那里欣赏苍翠的景色。底楼设有舒适的露天座位，每间小木屋都设有有线电视、电水壶和冰箱。

董里

董里珍银大拿大酒店
Thumrin Thana Hotel

🏠 69/8 Trang Thana Road　☎ 0-75211211/75223288-90　¥ 1 200 泰铢起（旺季 2 900 泰铢起）　🌐 www.thumrin.com

　　董里珍银大拿大酒店是董里首屈一指的高档酒店。酒店楼是一栋乳白色的高层建筑，耸立在繁华街区。从车站步行 10 分钟就可到达这里，十分方便。酒店内还有日本料理店。

Yamawa Bed & Breakfast
🏠 94 Visedkul Road　☎ 0-75216617　¥ 200 ~ 300 泰铢（有公共卫生间、浴室）

　　客房之间都是用竹子隔开的，很有岛屿风情。客房宽敞，居住舒适。这里有的客房没有窗户，所以在预订的时候请确认清楚。每间客房都提供洗澡水。这里还出租自行车，半天 200 泰铢，一天 250 泰铢，一周 1200 泰铢。旅馆也会组织游客去近郊旅游。

合艾

Cathay Guest House

🏠 93/1 Th Niphat Uthit 2
☎ 0-74243815 ¥ 160～250泰铢

这是家受人欢迎的经济型旅馆，员工热情而幽默，但房间一般。

Regency Hotel

🏠 23 Th Prachathipa 🌐 www.regency-hatyai.com ¥ 800～1 400泰铢

这家漂亮的酒店富有经典的怀旧魅力，这在当今已不多见。老楼里的客房较小，也较便宜，配有吸引人的木制家具，而新楼则拥有令人啧啧称赞的景观。

省钱小助手

里朴岛上的空间有限，电力价格不菲，所以住宿的价格都很高昂。其他岛上价格300泰铢的平房，在里朴岛上旺季时价格会翻倍。大多数度假村在5—10月关闭，这段时间海上风浪很大，快艇也停运。几乎每座度假村都设有餐馆，有些餐馆中也有平房出租。

杰克丛林平房
Jack's Jungle Bungalows

🏠 日落海滩向内陆方向150米的地方 ¥ 平房950泰铢 🌐 www.jacksjunglebar.com

这些崭新的平房位于藤蔓缠绕的雨林深处。如果你想看海景，这里并不适合你。然而这里的房价还是很实惠的。

Pattaya Song

🏠 里朴岛海滩西端的岩石上 ☎ 0-74728034
¥ 平房1 200～1 800泰铢
🌐 www.pattayasongresort.com

这家意大利人经营的度假村位于海滩西端的岩石上，不错的木屋和混凝土小屋散布在海边和山坡上。这里的芭堤雅海鲜（Pattaya Seafood）餐馆供应出色的食物，而度假村可以组织前往周边地区的捕鱼活动和周游列岛之旅。

Bundhaya Resort

🏠 147 Moo7 Kohsarai, Muang, Satun, 91000 Ko Lipe ☎ 0-74750248 ¥ 平房含早餐1 600～4 000泰铢 🌐 www.bundhayaresort.com

企业化经营的Bundhaya Resort位于芭堤雅海滩，是如里朴岛这般空间有限的岛屿上不可缺少的地方。这座管理井井有条的度假村同时也是快艇售票处和移民局。没有特色的木结构平房很舒适，但价格过高，不过附送的自助早餐会让你在晚餐前都不觉得饿。

Castaway Resort

🏠 Sunrise Beach, Satun ☎ 0-31387472
¥ 平房3 000～6 250泰铢
🌐 www.castaway-resort.com

位于日出海滩的Castaway Resort的每样东西都很高档，烛光餐馆的微风习习，从柚木装饰到堆满枕头的卧室都体现出华丽。

买买买 BUY TO BUY

曼谷

暹罗广场 省钱
Siam Square

📍 Siam Square 1, Pathum Wan

说起曼谷乃至整个泰国的时尚中心，一定是暹罗广场。电影《暹罗之恋》就在这里上演。在暹罗广场及其附近的区域内，集中了曼谷乃至东南亚最大的商场，除此之外还有众多的咖啡馆、时装店、书店、唱片店、学校、酒店等。著名的朱拉隆功大学也在暹罗广场附近，四面佛、汤姆森故居也在步行游览范围内。这里也是中国游客必到的购物地之一，从国际一线的奢侈品大牌，到廉价的各种商品，没有买不到，只有想不到。

TIPS

暹罗广场周边购物指南

从BTS暹罗站的Exit3/5出口出来，左前方就是著名的大商场Siam Paragon，右前方则是Siam Center商场，在Siam Center商场后面是Siam Discovery商场。Siam Paragon商场是曼谷比较高档的商场之一，里面有巴宝莉、阿玛尼等国际大牌，还有众多的国际一线的钟表、化妆品品牌。Siam Center商场更受年轻人的欢迎，入驻商场的品牌多为Live's、Lee、优衣库等时尚品牌。从这两个商场出来，沿着轻轨的高架桥往奇隆站走，路过一个寺庙后，就可到达东南亚最大的商场——Central World Plaza。走过Central World Plaza所在的路口，是一个叫作Gaysorn的商场，里面有LV等奢侈品品牌。在这个商场的马路对面就是著名的四面佛。

吉姆·汤普森之家
Jim Thompson House

📍 Rama 1 Road Soi 2　🕘 博物馆 9:00-17:00，门市部 9:00-21:00　💰 成人 100 泰铢，儿童 50 泰铢。收入全部捐给当地盲童学校

吉姆·汤普森原来是一名美国建筑师，第二次世界大战后他成功地把泰国丝绸推销到西方市场，振兴了泰国的丝绸业。吉姆·汤普森于1967年在马来西亚失踪。这里是他的故居，整个建筑是座典型的泰式花园，建于1959年，由7座建筑组成，并悬空在一条小运河上。这里是泰国最出名的泰丝专卖店，同时也是一个泰丝博物馆，收藏和展览各种高档泰丝，并且专门开辟了一个门市部销售高档泰丝。除此之外，这里还展出了吉姆·汤普森收藏的各种艺术品，如家居装饰品、瓷器等。

帕蓬夜市
Patpong Night Market 省钱

🚇 轻轨 Sala Daeng 站下车 🕗 20:00-24:00

曼谷著名的夜市之一。这里不但有大量的廉价商品（当然别忘了砍价），还有很多酒吧。

桑仑夜市
Suan-Lum Night Bazaar 省钱

🚇 搭曼谷地铁到伦披尼站（Lum Phini）下车，出口就是夜市的美食广场 🕗 20:00-24:00

桑仑夜市不仅有摊贩区和美食广场，也规划了不少精品商店，已经成为当地人的时尚去处。

国家体育场站
National Stadium

在 BTS 国家体育场站旁就是 MBK 商场。此站与暹罗站的距离十分接近。另外想去往考山路的朋友可以在此站转乘出租车或公交。前往大皇宫也可以在此转乘出租车，车程约 25 分钟，车费 80～100 泰铢。

暹罗站
Siam

BTS 暹罗站位于曼谷市中心的购物区，出站就是著名的暹罗广场，附近有多家大型百货商场及店铺。这里也是曼谷 BTS 轻轨的中央转车站，所以由此处前往曼谷各区也是十分方便。

除此之外，在暹罗站与奇隆站之间设有人行天桥，并连接了四面佛，全东南亚最大的商场 Central World Plaza 以及假日酒店（Holiday Inn Bangkok）都在附近。在暹罗站旁边有 Siam Paragon（BTS 站 Exit 3/5）、Siam Center（BTS 站 Exit 1）、Siam Discovery 等大商场。

在暹罗广场 BTS 站、MBK 七楼、Siam Discovery、Siam Paragon 七楼也设有电影院，其中 Siam Discovery 更设有 4D 影院。在 Siam Paragon 的地库有大型水族馆。

奇隆站
Chit Lom

奇隆站位于暹罗的东面，坐 BTS 只需要一站即可到达。此处是曼谷著名的四面佛的所在地，大部分到曼谷的旅行团会到此一游。四面佛位于凯悦酒店旁边，如果大家坐 BTS，可以在 Exit 8、Exit 6 或 Exit 2 出口出站前往。

东南亚最大的商场 Central World Plaza 就在车站附近。商场楼高 13 层，内设有电影院、美食广场、SPA、教育中心等。

在 Central World Plaza 另一侧对面，有泰国著名的 Big-C 超级市场，附近还有换钱的兑换店。可从 BTS 站的 Exit 9 出口出站前往。

莫集站
Mo Chit 省钱

在莫集站附近有全东南亚最大的周末市场——曼谷乍都乍周末市场，这里只在周六、周日营业。

是隆站
Silom

坐 BTS 在莎拉当站（Sala Daeng）下车，就是是隆站的所在地，此站也与 MRT（地铁）是隆站连接。莎拉当站（Sala Daeng）Exit 4 出口与 Si lom Complex 商场连接。在 Si lom Complex 商场内有一家苹果专营店，还有无印良品等品牌。Exit 1 出口附近有不少运动服店铺，其中有一家 Outlet 店。

TIPS
是隆最著名是夜市及日本街，他们主要是以服务日本客人为主。

帕蓬站
Phrom Phong

这里有家 Emporium 商场，是游客最爱购买名牌商品的地方，楼上也设有美食广场、订机票的旅行社及书店。在 Emporium 旁的小巷内也有多家按摩店。

沙潘塔克辛站
Saphan Taksin

BTS 的沙潘塔克辛站设有内河码头，在这里可以坐酒店的船到文华东方及香格里拉等酒店。除此之外，大家也可以在此转乘内河橙色旗快速渡轮前往大皇宫（渡轮 Tha Chang 站，即 N9 站）、考山路（渡轮 Phta Arthit 站或称 Banglumpoo 站，即 N13 站，需再步行 10 分钟）及郑和庙（渡轮 Tha Tien 站，即 N8 站，再转过对面河的小渡轮）等地。另外在罗摩八桥站（Rama 8 Bridge），即 N14 站设有河畔餐厅。

安努站
On Nut

安努站是 BTS 最东面的一站，这里有一家 Tesco Lotus 超市，另外也可以在这里转乘的士前往 Central Bangna。Central Bangna 的六楼内设有水上乐园 Leo Land，是一家大小一起去玩的好地方。商场内也设有玩具城。从 On Nut BTS 站乘出租车前往大约 20 分钟车程，车费约 150 泰铢。

拍凤裕庭站
Phahon Yothin **省钱**

地铁的拍凤裕庭站附近有座 Ladphrao Central，也值得一去！里面除了有 Central 百货外，还有不少中小型的商铺。由于这里的游客比较少，所以比较容易买到泰国大众化的东西。

泰国文化中心站
Thail and Cultural Center

地铁的泰国文化中心站除了是著名的夜生活区域之外，还是购物的一个好去处！这里有吉之岛，家乐福及 Robin 3 个商场，另外在附近也有一家类似宜家的家具店。

拍喃九车站
Phra Ram 9

地铁的拍喃九车站的出口是美居豪华酒店（Grand Mercure Fortune Hotel）（前 Forture Hotel）。在酒店下面有一座商场，商场内还有一个计算机商场以及 Tesco Lotus 超市。中国大使馆也在附近。

伦披尼站
Lumphini

地铁的伦披尼站出口就是曼谷著名的夜

市Suanlumnightbazzar。这里分了许多个区域，除了售卖泰国产品外，还有美食广场，里面每晚都有节目表演。最近夜市还增设了摩天轮，大家可以去试着玩玩。

芭堤雅

芭堤雅泰易大街
South Pattaya Road

省钱

芭堤雅泰易大街上则有很多中档酒店和餐厅，很多店铺主要经营当地的土特产，整条大街非常喧闹繁华。游客如果想悠闲漫步的话，沿海湾修建的海滩大道是最好的去处。

Central Festival

🏠 74-75 Moo 5 Vichitsongkram Road, Amphur Muang, Phuket 83000 🕐 10:30-22:00

Central Festival是芭堤雅最大的购物中心，也是泰国著名的连锁百货公司。这里有来自世界各地的名牌衣服、包包，价格比中国国内便宜很多，还有各种各样的百货商品，可以说是应有尽有。

迈克购物城
Mikes Shopping Mall

省钱

🏠 262 Moo 10 Pattaya 2nd Road Banglamung

迈克购物城是芭堤雅著名的百货大楼，售卖多种名牌衣服、运动鞋、内衣和各种日用百货。这里环境舒适，商品价格性价比较高。

皇家花园芭莎购物中心
RoyalGarden Plaza

🏠 218, Moo.10, Pattaya Beach Road, Banglamung, Chon Buri

芭莎购物中心位于皇家花园芭莎酒店内，一共3层。这里集购物、娱乐、餐饮为一体，有世界各国的名牌和泰国名牌服装店以及化妆品店，还有电影院、鬼屋、博物馆等。

吉乐达连锁店
Chitralada

🏠 Pattaya-naklua Road

吉乐达连锁店是由诗丽吉皇后所创立的Support基金会在芭堤雅设立的连锁店，主要销售各种精致而有特色的手工艺品，有手链、佛珠、首饰、各种纪念品等。这里卖的都是货真价实的工艺品，质量有保证。

泰国吃住购 ● 好好吃 ● 舒服住 ● 买买买

203

清迈

> **TIPS**
>
> 清迈是泰国最重要的贸易中心，那里有高质量的古典和现代风格的手工艺品、高山族特有的手工艺品和古董。其中最畅销的商品是棉和丝绸制品。

清迈夜市
Night Bazaar

🏠 长康路（Chang Klang Road） 🕐 17:00-24:00

夜市在清迈古城东面靠近冰河处的长康路（Chang Klang Road）上。市场内出售各种手工艺品、旅游纪念品，还有按摩店、酒吧和当地美食。周围有香格里拉、艾美等多家高级酒店，是各国游客在清迈旅游的必到之处，在这里可以买到绝大多数泰国特色的旅游纪念品。

周末市场
Sunday Market

🕐 每周日 16:00-23:00

周末市场起于古城东门（塔佩门），止于帕辛寺前，主道长约1.1千米，几条岔道也有摊点，其中柴迪隆寺前那条岔道尽头处有免费歌舞表演。夜市主营泰北手工艺品，因市场方有限价政策，因此售价较低。市场内也有各种当地特色美食以及按摩服务。另一处周末市场在古城内，周六在Wualai路开放。周六夜市起于古城南门（清迈门）护城河对岸，沿Wualai路斜斜延伸，比周日塔佩门外的市场人少。

清迈机场商业中心
Chiang Mai Airport Plaza

🏠 2 Mahidol（Highway 1141）

这是泰北地区最大的购物中心，也是清迈的时尚中心。这里的品牌众多，大多都是中国游客热衷的，而且价格比中国低20%左右，每周都会有一个大牌产品打折，通常都是两折或者三折起。这里距离机场只有5分钟车程，是众多中国旅行者最后的购物站点。时尚服装、电子产品、箱包、眼镜等一应俱全。顶楼有电影院，地下一层是各种美食的汇聚地。

> **省钱小助手**
>
> 在这里购物的中国游客还可以享受外国人购物退税政策。

> **省钱小助手**
>
> 古城东面的冰河边有两个较有规模的本地特色市场。Kad Luang（Waroros Market）楼外有鲜花市场，楼内一层主营干、鲜食品，二层和三层主营服装、布匹等，可批发。楼外通塔佩路（Tha Pae Road）的小巷里有很多类似店铺，价格比楼内贵。Waroros沿河往北二三百米处是Kad Mueng Mai蔬果批发市场，零售多在白日营业，半夜有极便宜的蔬果批发。

普吉岛

普吉岛的购物主要集中在芭东、卡伦、卡塔这三大海滩，其中以芭东海滩最为集中。在芭东海滩的 Tilok-Uthit 路，有普吉岛最大、最时尚的购物中心 Jungceylon Shopping Destination，这里有 Jungceylon 商场、Robinson 商场，商场旁边就是家乐福超市，各种土特产均可以在这里买到。

省钱小助手

Jungceylon Shopping Destination 内有各种国际品牌，价格均比国内便宜。

合艾

合艾绝对可以称为一个购物天堂，主要原因是这里出售许多价廉物美的泰式手工艺品及虾米、腰果、脆鱼干等产品，其中最特别的则是棉织品以及皮影戏中的人物造型商品。主要的购物区在尼帕乌迪二路和三路（Niphat Uthit 2 And 3 Road）、桑昌努松路（Sanchannuson）和广场市场（Plaza Market），不管是当地人或观光客都喜欢在此讨价还价，享受随意与自在购物的感觉，挑选自己最心仪的手工艺品。

这里主要的购物商场有 Lee Garend，位于市中心，嘟嘟车司机都知道；还有 Dinanan、罗宾汉等。

省钱小助手

Lee Garend 出售的商品对外国人均施行购物退税政策。

泰国吃住购 · 好好吃 · 舒服住 · 买买买

205

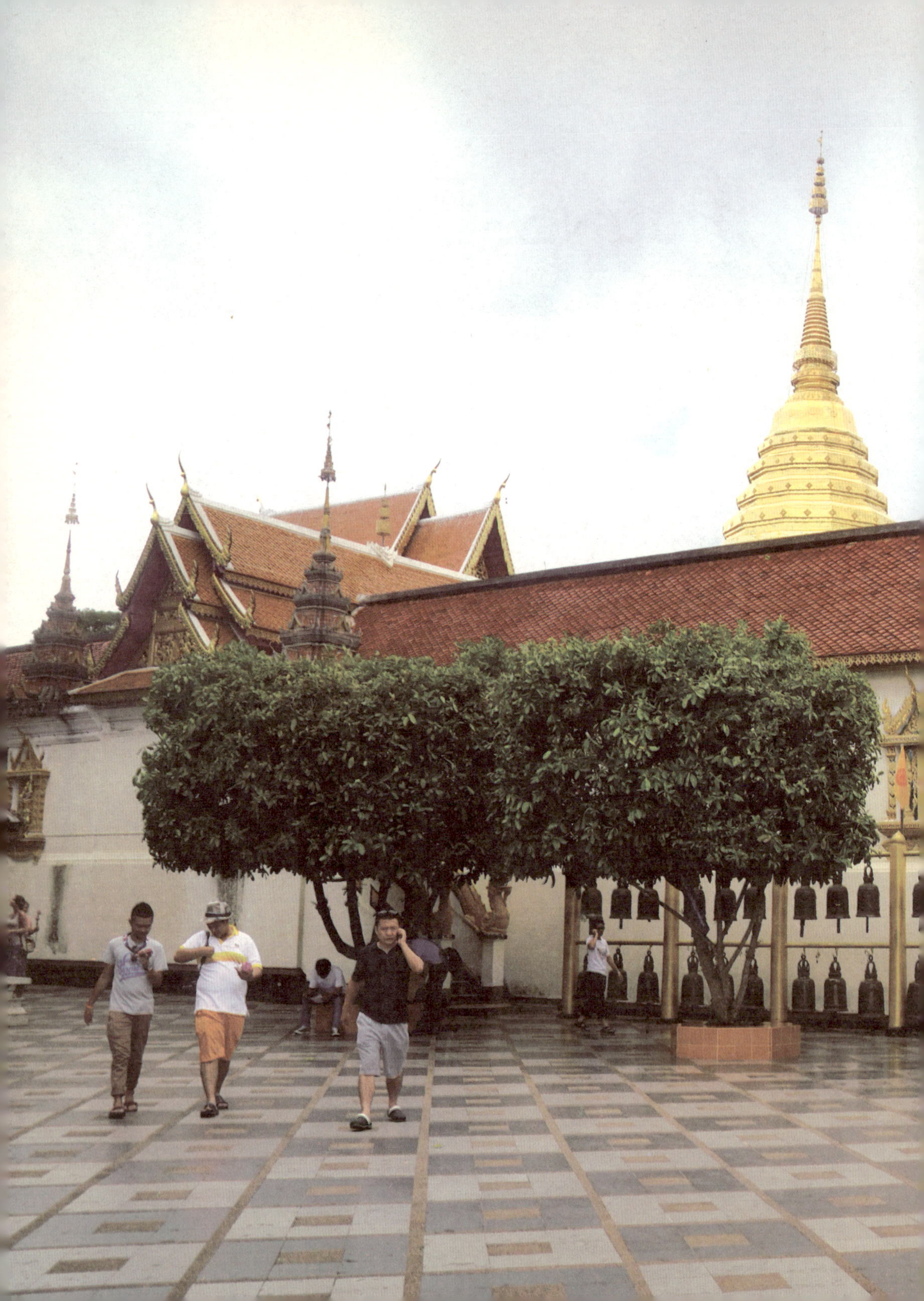

你应该知道的泰国

泰国基本信息全知道！

你应该知道的泰国

基本信息

国家名称： 泰王国（The Kingdom of Thailand）
国土面积： 513 115 平方千米
首都： 曼谷（Bangkok）
政体： 议会制君主立宪制
货币： 泰铢 THB
语言： 泰国的官方语言是泰语

地理

泰国位于中南半岛中南部，与柬埔寨、老挝、缅甸、马来西亚接壤，东南临泰国湾（太平洋），西南濒安达曼海（印度洋）。

泰国国境大部分为低缓的山地和高原。地形多变，可分为西、中、东、南四个部分。

泰国西部为山区，是以喜马拉雅山脉的延伸——他念他翁山脉为主的山地，为由北向南走向。位于清迈府的因他暖山（海拔2585米）是泰国的最高峰。

泰国的东北部是呵叻高原，这里夏季极干旱，雨季非常泥泞，不宜耕作。中部是昭披耶河（湄南河）平原。由曼谷向北，地势逐步缓升，湄南河沿岸土地丰饶，是泰国主要农产地。曼谷以南为暹罗湾红树林地域，涨潮时没入水中，退潮后成为红树林沼泽地。泰国南部是西部山脉的延续，山脉再向南形成马来半岛，最狭处称为克拉地峡。

气候

泰国大部分地区属于热带季风气候，常年温度不低于18℃，平均年降水量约1 000毫米。11月至次年2月受较凉的东北季候风影响，比较干燥；3—5月气温最高，可达40～42℃；7—9月受西南季候风影响，是雨季；10—12月偶有热带气旋吹袭泰国东部，但在暹罗湾形成的热带气旋为数甚少且弱。最佳旅行季节是10月至次年4月。

TIPS

泰国的民众习惯将国家的疆域比作大象的头部，将北部视为象冠，东北部代表象耳，暹罗湾代表象口，而南方的狭长地带则代表了象鼻。

历史

泰国古称暹罗。泰国历史始于遥远的史前时期，在随后长达 2 000 年的时间里，历经不同帝国和民族王国的统治。泰国的每一寸土地，都见证了这些民族王国和帝国在不同时期和不同地区的荣辱兴衰。至少从大约 4 万年前的旧石器时期，这里已有人类居住。受印度的文化和宗教影响，1 世纪开始有王国出现。1238 年，素可泰王国建立。14 世纪中叶，大城王国取而代之。泰文化受中国文化和印度文化的影响很大。18 世纪，郑信建立吞武里王朝。后来拉玛一世掌握政权，建都曼谷，史称却克里王朝（曼谷王朝）。

史前时代（前 3600—500）

在泰国南部曾发现 50 万—100 万年前的旧石器时代文物，泰国北部有南邦人化石出土，也有 1 万年前的岩画在泰国被发现。5 000 年前，泰国已有青铜器文明，有学者认为是从中国传入的，也有学者认为是在东南亚独立发展的。1 世纪时，就有从中国进入东南亚的移民成为泰国早期居民，更大的移民潮则出现在 13 世纪，在中国的宋朝末年以及元朝初年，大批中国人为躲避战乱，纷纷南下进入东南亚，在泰国、缅甸、柬埔寨等地定居。

另外也有学者认为，泰国人本身发源于泰国，后来进入中国云南，建立了南诏国。后来南诏国人南迁，回到泰国重新定居。

堕罗钵底时期和高棉统治时期（500—1238）

堕罗钵底王国据说是中国的孟族于 6 世纪至 11 世纪在今天泰王国北部所建立的多民族城邦王国。有证据证明该王国并非由单一的民族组成，其中很有可能包括马来人和高棉人，而当时的泰族人尚未迁移进入这一地区。国名来源于古钱币上所刻写的梵文字样：śrīdvāravatī，意思是通海港口。另一个来源可能是 Dvaraka，即传说中的克力什纳王国的城市，它后来被海水淹没了。堕罗钵底时期文化深受印度文化的影响，它对佛教的传入和佛教艺术在本地区的昌盛起过极其重要的作用。

罗涡国（Lavo）是泰王国历史上极其重要的一个时期。该城邦国大致建立在以今天的华富里为中心的地域，其历史可回溯到 3 500 多年前的冶炼青铜时代。罗涡为高棉人所统治，所以大量文化遗址都是高棉式的。一般将 15 世纪称作泰国历史上的华富里时代，可见其重要意义。

最终大城王国建立，罗涡国不再占主导地位，直到纳奈王（King Narai）登基。

素可泰王国（1238—1350）

到 13 世纪时吴哥开始没落，西方的缅甸蒲甘王朝没落，泰族势力趁机崛起，建立了北方的兰纳王国与南方的素可泰王国（Sukhothai）。兰纳王国于 13 世纪中叶由泰族的孟莱王建立，以清迈为中心，因此清迈地区后来一直与暹罗其他地区有别。南方的素可泰王国于 12 世纪 40 年代开始扩张，被视为泰国史上第一个王朝。素可泰驱逐吴哥，融合吴哥的孟族与高棉族，并且创造泰文。

兰纳王国（1259—1558）

从1050年到1250年的200年里，泰族人逐渐迁移并聚居在整个泰国上北地区，其中以泰阮族（Yuan Tai）为主。他们在北方的领地被称为庸那迦（Yonok），即巴利语中的Yonaka。根据史料记载，第一位泰族统治者是孟莱王，他是云南西双版纳泰泐族的后裔。孟莱王于1263年建立了如今的现代化城市清莱城，即孟莱王的都城，于1292年征服了南奔王国（Lamphun），后来于1298年建立了清迈城。

泰阮人于1329年建立了清盛镇，在1338年，清迈王国征服了泰族帕尧王国（Phayao），到1350年，泰阮人统治了兰纳（Lanna）大部分地区，只有难王国（Nan）和帕王国（Phrae）两个泰族王国属于素可泰王国的势力范围，这两个王国直到1444年和1449年才先后被兰纳王国兼并。这样，泰阮人就取代孟人成为兰纳地区的统治者。泰阮人既坚持信仰古老的万物有灵论，又从罗斛人和孟人那里吸收了佛教传统，形成了一种独特的生活理念。

大城王国（1350—1767）

14世纪中叶，菩提王在更南方的大城建立了大城王国，即阿育塔亚王朝（Ayutthaya）。15世纪时大城王国取代了北方的素可泰王国，与兰纳王国相邻，灭吴哥王国，并且在国内建立完整的制度，发展稻米耕作，与中国通商，国势繁荣。大城王国在14世纪下半叶到15世纪初被缅甸东固王朝并吞，但在16世纪末恢复独立，在17世纪至18世纪时是东南亚强国，与欧洲国家通商。1767年大城王国被缅甸贡榜王朝所灭。

吞武里王朝（1769—1782）

由一位年轻的将军达信所建立，是泰国历史上的一个王朝，定都吞武里，史称吞武里王朝（Thonburi）。达信是中泰混血儿，中国历史上称之为郑信，他在东南沿海一带组织了一支抵抗缅甸的军队，收复了大城，随后消灭各地割据势力并收复了清迈等地。

1782年，达信被义子却克里所弑，一说是达信在政变中被杀，却克里援救不及。却克里即位后，改称拉玛一世，迁都曼谷，史称曼谷王朝，吞武里王朝亦因此结束其短短13年的统治。

曼谷王朝（1767—1932）

却克里王朝是从1782年起延续至今的泰国王室，即曼谷王朝（Bangkok Dynasty）。王朝的名字取自开国君主昭丕耶·却克里（Chao P，ya Chakri）。该王朝的君主在1932年前是拥有专制权力的统治者。1932年，泰国变成了一个君主立宪制的国家。

现代泰国（1932至今）

1932年6月，拉玛七世王时期，民党发动政变，改君主专制为君主立宪制。1939年更名泰国，后经几次更改，1949年正式定名泰国。

第二次世界大战后军人集团长期把持政权，政府一度更迭频仍。20世纪90年代开始，军人逐渐淡出政坛。2001年，泰爱泰党在全国大选中胜出，他信担任总理，2005年连任。2006年9月发生军事政变，他信下台。2007年举行全国大选，人民力量党获胜，党首沙玛出任总理。2008年9月，沙玛被判违宪下台，人民力量党推选颂猜接任总理。12月，宪法法院判决人民力量党、泰国党和中庸民主党贿选罪名成立，予以解散，颂猜下台。12月15日，民主党党首阿披实当选总理。2011年5月，阿披实宣布解散国会下议院，7月举行全国大选，为泰党赢得国会下议院过半议席。8月5日，英拉当选总理，9日新政府成立。

2014年，泰国举行下议院选举，因反对派抵制，部分地区投票无法顺利举行。3月，宪法法院判决大选无效。

泰国王室

现任国王玛哈·哇集拉隆功（Maha Vajiralongkorn），于2016年即位，他是曼谷王朝的第10位国王，称拉玛十世王陛下。泰国国王受到泰国各族人民的爱戴和拥护。泰国宪法规定，国王既是国家元首，也是宗教的最高护卫者。对国王的任何不敬，均可能被视为不尊重王室而触犯法律。在泰国的大街小巷，国王的头像随处可见，冒犯国王最高可判刑25年。在每一部电影开始之前，电影院里的观众都需要全体起立，向银幕上的国王致意。而在地铁站，即使是在交通最繁忙的上下班时间，人们经过泰王的头像都会停下来致意。泰国的电视台和电台，每天会播放国歌两次。

拉玛九世陛下普密蓬·阿杜德国王

1927年12月5日普密蓬国王生于美国马萨诸塞州的剑桥（当时其父在哈佛大学学医），是泰拉玛五世之孙、拉玛八世之弟。他两岁时丧父，他的名字普密蓬·阿杜德意思是"土地的力量，无与伦比的力量"。1933年，6岁的普密蓬随着母亲移居瑞士洛桑。1945年，第二次世界大战结束，普密蓬归国。1946年6月，其兄拉玛八世驾崩，年仅19岁的普密蓬登基，称为拉玛九世。

民族与宗教

泰国民族

全国共有30多个民族。泰族为主要民族，占人口总数的40%，其余为老挝族、华族、马来族、高棉族，以及苗、瑶、桂、汶、克伦、掸、塞芒、沙盖等山地民族。

宗教信仰

泰国94%的民众信仰佛教，马来族信奉伊斯兰教，还有少数民众信仰基督教、天主教、印度教和锡克教。

TIPS

泰国宗教对生活的影响

佛教对泰国人的日常生活产生了强烈的影响。长老非常受人们尊敬，无论在城市还是乡村，寺庙都是社会生活和宗教生活的中心。禅是佛教最普及的方面之一，有无数泰国人定期坐禅以提升内心的平静和愉快。游客也可以在曼谷的几个中心或者国家的其他地方学习坐禅的基本原则。

文化与艺术

在漫漫的历史长河中，泰国艺术在不同历史时期都保留下了璀璨珍宝，如今泰国境内的一些地区仍然保留着独具地方特色的文化艺术。

艺术风格

泰国的艺术整体上是从印度引入或受印度文化影响在本土形成的印度风格艺术。

印度艺术在1—6世纪一直影响着泰国艺术，而对泰国南部艺术的影响一直延续到8世纪。印度风格艺术包括引入泰国的印度本土艺术、临摹印度艺术的泰国仿制艺术以及其他反映印度形式和题材风格的泰国本土艺术。这种影响一直继续到16世纪。在泰国南部和东北部地区可观赏到许多印度风格的作品。

泰国孟族－堕罗钵底艺术

堕罗钵底时期，泰国的艺术风格开始走向多样化。在印度，佛教僧侣们把32种特征融入关于释迦牟尼佛的艺术创作中，以便区分释迦牟尼佛与普通人的画像，使人们能够一眼认出。释迦牟尼佛被描绘成超越普通人的圣人，心灵通透纯净，能通过意志克服身体的欲望，散发出一种内心

平静的气质。在刻画印度教诸神的形象时，情况则又有不同。梵天（Brahma）、毗湿奴（Vishnu）和湿婆（Shiva）都是具有超凡力量的天神，需要刻画成不同的形象。他们被赋予国王的地位，头顶皇冠，佩戴宝石，英俊威武。这些神体现了男性的力量、权威和阳刚之气，他们的配偶（女神）则展现了女性的优雅和甜美。在这个时期的艺术创作中，人们以这些无形的天神为题材，将他们塑造成一座座石像和铜像。创作过程中，人们普遍遵循印度教规则。欣赏孟族—堕罗钵底艺术的最佳去处有曼谷国家博物馆、曼谷詹姆士·汤普森博物馆。

高棉华富里时期的艺术

6世纪，高棉人生活在泰国东北部的伊森地区和柬埔寨境内。华富里城位于湄南河流域中部，是高棉人在泰国的主要行政城市。高棉时期的艺术遗存主要体现在塔的形式上，最著名的高棉风格的佛塔是玉米棒形状的佛塔，称为Prang。在素可泰历史公园可以见到许多这种风格的塔，此外在大皇宫的玉佛寺中也有这种风格的佛塔。

兰纳王国时期的艺术

这一时期的艺术风格，佛教色彩浓厚，与泰国其他地方的艺术不同，不存在印度教诸神的形象。这种佛教艺术以石头、赤土陶器、灰泥和青铜为载体，人物面部表情极为程序化，服装样式具有印度风格，即9—10世纪印度东北部的帕拉—塞纳（Pala-Sena）风格。这些面部特征包括卷曲的头发、匀称的身材、炯炯有神的眼睛、分叉的胡须和颈部的皱纹。

素可泰风格艺术

素可泰艺术是指素可泰帝国时期的艺术和风格。Sukhothai在巴利文中的意思是"幸福的黎明"。其铜像、泥像和石像深受上座部佛教（Theravada Buddhism）的影响，该派佛教创立了一种新的风格，即把心灵平静融入人的外貌中，这在大量的佛像中都有体现。雕刻师不是严格根据人的外貌特征来塑造神像，而是根据对宗教诗歌和巴利语经文中的隐喻阐释进行雕刻。因此，艺术家创造的这些形象旨在反映佛的怜悯和非凡本质。这些印度教诸神头戴皇冠，身穿皇家服装，是婆罗门（Braham）僧侣进行皇家宫廷仪式时顶膜朝拜的对象。这个时期的许多优秀作品都收藏于曼谷国家博物馆内。另外，素可泰时期的陶制品——宋加洛陶器（Sangkhalok）也极具名气。陶器有棕白单色和青瓷绘画两种形式。后者有深棕色或黑色图案，釉质清晰可见。15世纪—16世纪宋加洛陶器在东南亚地区很受欢迎，并出口到印度尼西亚、菲律宾和其他地区。杰出的代表作有素可泰历史公园玛哈泰寺（Wat Mahathat）内的红土泥佛像，以及西昌寺（Wat Si Chun）内的红土灰泥佛像。

大城风格艺术

大城艺术是指1350年至1767年大城王国时期的艺术和风格。该风格在早期阶段受到堕罗钵底风格和华富里风格的影响，但是从15世纪中期开始，由于受到早期素可泰和乌通特色的影响，逐渐形成了独特的泰国民族风格。其艺术作品用材丰富，有青铜、木头、灰泥和砂岩等。许多艺术品在缅甸入侵时被毁。

大城艺术可分成四个阶段：

第一阶段为1350年—15世纪，此时乌通艺术的影响占主导地位；

第二阶段为15世纪中期—17世纪，此时主要受到素可泰风格艺术的影响；

第三阶段为17世纪，高棉人成为大城帝国的臣子，高棉艺术再次风行；

第四阶段为17世纪末—1767年，此时开始流行雍容华贵、气势磅礴的风格，佛像开始头顶皇冠和身披袈裟。在大城历史公园可以看到大量这一时期的艺术作品。

拉达那哥欣风格艺术

泰国拉达那哥欣艺术（Rattanakosin，也被称为曼谷风格艺术）是指1767年大城王国毁灭之后，在曼谷建立的却克里王朝时期的艺术风格。这个时期的艺术主要反映两个主题：在拉玛一世、二世和三世（Rama Ⅰ、Ⅱ、Ⅲ）统治期间，主要宣扬古典暹罗传统文化；从拉玛四世（Rama Ⅳ）开始一直到现在，艺术风格逐渐加入了现代西方艺术元素。大皇宫正是这一时期的代表作。

此外，泰国还拥有丰富多彩的地域性文化。在泰国北部，有风格迥异的缅族、孟族、掸族、泰鲁族、泰阮族以及聚居在北部高地和低地地区的其他少数民族的文化艺术。在泰国南部，可以感受到三佛齐王朝（Srivajaya Empire）文化、马来文化和华人文化艺术。在泰国中部，华富里风格艺术，以及乌通、高棉艺术和建筑让你领略不同风格艺术的高贵典雅。而在泰国东部，泰老族和高棉风格建筑则呈现出泰国的另一番迷人风景。

建筑

泰国是以信奉佛教为主的国家，泰国的寺庙建筑及其人物神灵的表现形式均受到印度教与不同民族风格的影响，包括孟族、高棉族、各种泰族部落和缅族等民族。

泰国寺庙建筑的布局和外形体现了印度教和佛教对宇宙的认识，而建筑上栩栩如生的雕塑和壁画，不仅展现出高超的艺术水准，更是以两大宗教神话中的天神和守护神为主题、采用泰族或高棉族的艺术表现风格创作而成的，彰显着泰国民族的特色。

壁画

泰国壁画中包含了很多独立的场景、风景和人物画，画面小巧精致、细致入微，与宽大的绘画墙体形成了强烈的对比。泰国各地的壁画都是按程序化处理的，采用二维成画，没有欧洲绘画中的透视角度。泰国壁画也存在规模宏大、场面复杂、人物姿态逼真、想象奇特的连环壁画，画中有真实人物，也有神秘的天神或神兽，或是宫殿、城镇和乡村风景。然而，所有壁画不管是画在墙壁的上部、顶部、中部还是连接地板的墙脚处，都采用俯视的视角绘制，令观画者感觉像是从天空或者很高的地方俯视壁画。

泰国壁画将反映不同时间的宗教生活和日常生活的画面绘制在一起，用风景或建筑图案相互隔开，采用之字形设计。壁画人物均采用程式化处理：天神或贵族总是宁静祥和的，而民间人物往往姿态笨拙、表情庸俗、动作滑稽。19世纪中期后，泰国壁画受到西方的影响，引入了明暗法和透视法的概念，使壁画增强了立体感，更加生动。

泰国壁画的主题多与神灵和恶魔有关。这些主题主要来自泰国文学作品《三界沉浮》（*Traiphum Phra Ruang*）。还有一些题材来自《本生经》（*Jakata Tales*），其中主要讲述的是贵族统治者剥削平民的故事以及关于贵族放弃统治而带来快乐的故事。所有这些故事都发生在佛教超自然世界的各种场所，如神秘的印度森林、王国、天国和地狱。《本生经》在传播诚实勇敢、坚韧明智、奉献仁爱的美德方面发挥了重要作用。故事结局都是美德战胜邪恶，作恶者自食其果。第三个题材来源则是《拉玛坚》（*Ramakian*），它是印度教史诗《罗摩衍那》（*Ramayana*）的泰文版本。泰国壁画中，要数位于曼谷、毗邻大皇宫（Grand Palace）的玉佛寺（Wat Phrao Kaeo）中的壁画规模最为宏大，工艺也最为精细，绝对是观赏壁画的最佳去处。

文学

在泰国最负盛名的文学作品就是《拉玛坚》。《拉玛坚》是印度史诗《罗摩衍那》的泰文版本，是泰国古典文学中流传最广并广泛用于戏剧、音乐、视觉艺术的史诗。在大皇宫内玉佛寺四周的壁画上可以清晰地看到由这一史诗巨著衍生出来的壁画。

戏剧

泰国古戏，又称德南万戏，大约出现于15世纪末期，源于印度被称作迦陀甲俐的演出。到那莱王时期（1656年—1688年），首都大城已有不少文学作品，其中包括剧本。波隆摩谷王时期（1732年—1767年）是泰国古典戏剧的全盛时代，演出形式有皮影、木偶戏、德南万戏等。

泰国戏剧主要的演出形式有6种：孔剧通常表现《拉玛坚》的剧情，演员头戴面具，有猴子、神灵等形象，表演正规舞蹈；洛坤剧表演场所可以正式也可以一般，演出主题多样；梨伽剧是泰国通俗的戏剧形式，以喜剧为主；曼诺拉是泰国南部的戏剧，表演印度神话传说；南是一种皮影戏，受到中国皮影戏影响，也是南部戏剧，但面临失传的危险；木偶戏则可以算是孔剧的木偶版演出。

舞蹈

泰国传统舞蹈分古典舞和民族舞两种，伴奏的乐器主要有鼓、锣、小钹、拍板、笛子、胡琴、笙等民间乐器。古典舞是泰国舞蹈艺术的精华，已有300多年历史，在古典舞中尤以哑剧舞最有名。古典舞又有宫内与宫外之别。宫内舞比较严肃古板，没有滑稽场面。与之相对应的宫外舞则比较活泼自由、诙谐有趣。跳舞少女们所穿的服装以著名的泰国丝制成，再配上闪闪发光的金片；她们所戴的帽子则是寺庙风格的宝塔形金冠，充满宗教气息。

泰国民族歌舞素以服装华贵、动作优雅、内涵丰富而闻名。其中以玉指闪烁的指甲舞最有魅力，烛光流萤的蜡烛舞最富艺术气息，大众化的南旺舞最为普及。

美食

泰国美食是泰国旅游不可缺少的一部分。泰国各地都有富有特色的烹饪方法，无论在哪里都可以找到你钟爱的美食。

泰国北部地区：以清迈为首的北部地区的传统主食是以米浆制成的米糕，在菜肴方面则以具有中国西南部风味的腌生猪肉、咖喱及沙拉为主要特色。

泰国东北部地区：邻近高棉的东北部地区位置偏僻，是泰国环境最原始的地区。因此，东北部的菜肴便以口味浓郁且辛辣而闻名。有些东北部的菜肴也对泰国菜有很深远的影响，例如泰北辣肉便是一道极为出名的泰国东北美食。

泰国中部平原地区：以泰国首都曼谷为首的中央平原地区的传统主食是米食与各类的米制品、炒饭，当地的海鲜、肉类以及各种丰美的水果、蔬菜也十分美味。泰国有名的调味品鱼露与虾酱都是这里的特产，这两样食品也与中国潮汕、闽南地区的食品类似。

泰国南部地区：由于南部地区穆斯林及印度、华人移民居多，因此菜肴特色除了口味重和辛辣之外，也用了大量的咖喱、椰奶、椰糖及椰肉来烹调；此外，因拥有丰富的海鲜，这一地区的特色菜式以咖喱烹海鲜为主。

米饭

泰国盛产大米，尤其是中部的湄南河三角洲地带。泰国也是世界上出口稻米最多的国家。大米是泰国日常必不可少的主食，以米饭为主的炒饭也是非常受游客欢迎的。

面和米粉

在泰国，最常见的面食就是面条。泰式面条非常细，和中国南方的面条有些相似，通常是将面条煮出来然后拌上甜酱、酱油、鸡蛋、干虾以及鸡肉或牛肉、猪肉。在泰国的街头夜市，这种面和米粉也最容易吃到，而且也基本符合中国人的口味。此外还有炒面、炒粉、拌面等烹饪方式。其中炒面是最常见的一种，实在吃不惯泰国口味饮食的中国游客可以点这个炒面，绝对是符合中国人的饮食口味的。

咖喱（Kuri）

泰国咖喱分绿咖喱、黄咖喱、红咖喱等多个种类。其中绿咖喱最辣，不习惯的人进食时容易流眼泪。常见的菜有黄咖喱蟹、绿咖喱鸡、蒸红咖喱鱼等。通常在烹饪这些菜肴时都会加入椰浆。

冬阴功（Tom Yam Kung）

冬阴功是一道酸辣口味的虾汤，口感层次丰富。主要配料是香茅、姜、柠檬叶、椰浆。这是一道最受欢迎、"最泰国"的泰国菜。

烩炒粿条（Rad-nak）
烹饪时用米粉或泰式粿条（Sen Yai），加上芥蓝菜、洋葱、肉片、蚝油拌炒，看起来有点像烩米粉或烩粿条。

凉拌青木瓜（Som Tam）
这其实是泰国东北部的美食，现今遍布全泰国，是用木舂把青木瓜、西红柿、辣椒、椰糖等混合捣碎制成的。椰糖和辣椒的分量可请店家酌情调整。

海南鸡饭（Khao Man Kai）
这是中国南方的传统烹饪与泰国本土风味的结合。泰式海南鸡饭味道很淡，吃时加点蘸酱正好。

炸猪皮（Keab Moo）
清迈特产，虾球状的炸猪皮比较肥厚，长条状的炸得比较干，通常配青辣椒酱一起食用。

糯米饭（Kha Nom Tom）
用蒸糯米包上甜豆，两口就可以吃完。有些饭里包裹着香蕉或其他甜馅，有的就只是糯米饭团。

椰子糕（Kha Nom Chan）
以椰浆为主料，加入芋头、蛋黄等材料制成，有多种口味供你选择。吃起来比娘惹糕口感更好。

炒饭、炒面与油炸食品

泰式炒面（Pad Thai）
泰国最常见的平民小吃，有的可以加个蛋，有的则会用蛋皮做泰式蛋包炒面。

炸鱼饼（Tod-Mann Pla）
将咖喱、鱼肉、柠檬叶等一起拌匀后用油炸，香嫩可口。

炸/烤肉串（Muu Ping）
泰国街头常见的小吃之一，以鸡肉为主。一般会配辣椒等调料，有时候搭配糯米饭会更好吃。

特产

丰富的热带水果

位于热带地区的泰国，水果种类非常丰富，而且价格非常便宜，主要有芒果、榴莲、菠萝、山竹、西瓜、龙眼、木瓜、番石榴、莲雾、新鲜椰子等。在泰国各地的街头，常常可以看见推着玻璃柜台装着冰售卖水果的小贩。这种售卖者一般不是按照重量售卖，通常是把水果切好放入袋子中，一份20～40泰铢，多为西瓜、番石榴、芒果、莲雾、木瓜等。

腰果、花生等干果

带包装的干果在每个超市或便利店都可以买到，推荐泰国最出名的干果食品品牌"大哥"（Pih-kap）。

大象造型的饰品

包括零钱包、钥匙扣、靠垫套子、大象木雕等。在曼谷的周末市场、清迈的夜市摊上都非常多，每个城市的夜市摊、小工艺商品店均有销售。这些也是各国游客最爱购买的纪念品。以大象钥匙扣为例，一个20～40泰铢。当然购买这些一定要享受砍价的乐趣。顺便一提，切勿违法购买象牙制品。

海产食品

包括鱿鱼丝，鱼干等，这些特产最好是挑选带包装、有生产批号的，推荐去超市购买，比如家乐福、Big C、Lotus这样的大型超市。

棉花和丝绸

清迈产的特级棉花和丝绸有着无与伦比的高质量，适合各种人群选购，适用于各种场所装饰。最大的市场位于山甘烹（San Kamphaeng）。

雨伞和阳伞

在过去的200年历史中，博桑这个城市同其手工艺品之间有着不可分割的联系。所有的布料、花、丝绸、一种用桑树皮制成的称为"萨"的纸以及竹子都可以在当地找到，旅游者也可以在那找到大大小小百余种产品。

银器

　　泰国最精美的银器出产自清迈的一些几代相传的银器制造家族。传统的技术以及至少92.5%以上的含银量，使得这些银制的容器和饰物价值连城。银器店主要集中于哇来路，那里同时也是银器艺术家们的住所。

漆器

　　漆器，是一种典型的黑色和金色的艺术，主要以木头、竹子、金属、纸以及烤黏土为材料做成。

家具及木雕

　　木雕是泰国北部传统的手工艺品，在很多的寺庙中都可以见到。如今它更应用于家具装饰中，如椅子、桌子、床。实际上只要有一块足够大的木料，我们就可以在其上进行雕刻，比如石刻大象、小雕像、餐具等常见的物品。清迈华东区的班塔瓦村是家具制造的主要地区，当地盛产各种木料，包括柚木、红木以及藤条。

少数民族产品

　　这些产品包括有着复杂图案的银制品如手镯、项链、耳环，以及一些日用品如外衣、夹克、背包、钱包、帽子和裙子等。

陶器

　　清迈是泰国主要的陶器生产基地，这种经过高温烧制的青瓷工艺品有很多形式，如餐具、灯座及装饰品。

相关网站

泰国国家旅游局

- www.tourismthailand.org（英文、泰文）
- www.amazingthailand.org.cn（中文）

紧急电话

中国驻泰国大使馆

泰国曼谷拉差达披色路 57 号（No.57,Rachadapisek Road,Bangkok 10400,Thailand）

☎ 0-22450088
☎ 0-22468247

其他实用信息

泰国国家旅游局旅游热线（Tourist Hotline）

泰国国家旅游局旅游热线用英语和泰语为游客提供旅游咨询和投诉服务。游客也可以登录泰国国家旅游局总部网站（www.tourismthailand.org），点击网页右下角的图标，游客需要填写基本资料，例如姓名、邮件地址、咨询内容等。

提供信息类别：住宿、观光旅游、景点、季节气候、游客投诉等。

☎ 泰国国家旅游局北京办事处：
010-85183526-29
🕗 8:00-20:00

泰国旅游警察（Tourist Police）

主要服务内容为：

1. 提供旅游信息；
2. 统计每天游客反映的情况，以便提供方便及保障游客的安全；
3. 接受游客旅游期间的投诉；
4. 提供警察网络服务，接受报警，刑事询问。如果游客遇到麻烦，警察将迅速行动。

☎ 1155
🕗 24 小时

TIPS

"记住一个号码，游遍全泰国。"这是泰国旅游警察的宣传语。

本图书是由北京出版集团有限责任公司依据与京版梅尔杜蒙（北京）文化传媒有限公司协议授权出版。

This book is published by Beijing Publishing Group Co. Ltd. (BPG) under the arrangement with BPG MAIRDUMONT Media Ltd. (BPG MD).

京版梅尔杜蒙（北京）文化传媒有限公司是由中方出版单位北京出版集团有限责任公司与德方出版单位梅尔杜蒙国际控股有限公司共同设立的中外合资公司。公司致力于成为最好的旅游内容提供者，在中国市场开展了图书出版、数字信息服务和线下服务三大业务。

BPG MD is a joint venture established by Chinese publisher BPG and German publisher MAIRDUMONT GmbH & Co. KG. The company aims to be the best travel content provider in China and creates book publications, digital information and offline services for the Chinese market.

北京出版集团有限责任公司是北京市属最大的综合性出版机构，前身为1948年成立的北平大众书店。经过数十年的发展，北京出版集团现已发展成为拥有多家专业出版社、杂志社和十余家子公司的大型国有文化企业。

Beijing Publishing Group Co. Ltd. is the largest municipal publishing house in Beijing, established in 1948, formerly known as Beijing Public Bookstore. After decades of development, BPG has now developed a number of book and magazine publishing houses and holds more than 10 subsidiaries of state-owned cultural enterprises.

德国梅尔杜蒙国际控股有限公司成立于1948年，致力于旅游信息服务业。这一家族式出版企业始终坚持关注新世界及文化的发现与探索。作为欧洲旅游信息服务的市场领导者，梅尔杜蒙公司提供丰富的旅游指南、地图、旅游门户网站、APP应用程序以及其他相关旅游服务；拥有Marco Polo、DUMONT、Baedeker等诸多市场领先的旅游信息品牌。

MAIRDUMONT GmbH & Co. KG was founded in 1948 in Germany with the passion for travelling. Discovering the world and exploring new countries and cultures has since been the focus of the still family owned publishing group. As the market leader in Europe for travel information it offers a large portfolio of travel guides, maps, travel and mobility portals, apps as well as other touristic services. It's market leading travel information brands include Marco Polo, DUMONT, and Baedeker.

DUMONT 是德国科隆梅尔杜蒙国际控股有限公司所有的注册商标。
DUMONT is the registered trademark of Mediengruppe DuMont Schauberg, Cologne, Germany.

杜蒙·阅途 是京版梅尔杜蒙（北京）文化传媒有限公司所有的注册商标。
杜蒙·阅途 is the registered trademarks of BPG MAIRDUMONT Media Ltd. (Beijing).

THAILAND NOTES

写下你的泰国感受